T0118807

DANS LA MÊME COLLECTION

LA PHILOSOPHIE
DE HOBBES

REPÈRES

COMITÉ ÉDITORIAL

REPÈRES PHILOSOPHIQUES

Directeur : Éléonore Le Jallé

LA PHILOSOPHIE DE HOBBES

REPÈRES

par
Philippe CRIGNON

PARIS

LIBRAIRIE PHILOSOPHIQUE J. VRIN

6 place de la Sorbonne, V e

2017

© *Librairie Philosophique J. VRIN*, 2017
Imprimé en France
ISSN 2105-0279
ISBN 978-2-7116-2745-5
www.vrin.fr

ABRÉVIATIONS

D :   *Dialogue entre un philosophe et un légiste des Common-Laws*, suivi de la page dans la traduction de L. et P. Carrive.

DCI :   *Du citoyen*, suivi de la page dans la traduction de Ph. Crignon.

DCO :   *De corpore*, suivi de la numérotation (partie, chapitre, paragraphe).

DH :   *De homine*, suivi de la page dans la traduction collective.

DM :   *De Motu*, suivi de la page dans l'édition de J. Jacquot et H. W. Jones.

EL :   *Elements of Law Natural and Politic*, suivi de la page dans la traduction de D. Weber.

HE   *Historia Ecclesiastica*, suivi de la page dans l'édition de P. Springborg.

L :   *Leviathan*, suivi de la page dans la traduction de F. Tricaud.

QL :   *Questions concernant la liberté, la nécessité et le hasard*, suivi de la page dans la traduction de L. Foisneau et F. Perronin.

RB :   *Réponse à Bramhall*, suivi de la page dans la traduction de F. Lessay.

SL :   *Six Lessons*, suivi de la page dans l'édition Molesworth, vol. 7.

T :   Préface à la traduction de Thucydide, suivi de la page dans la traduction de F. Lessay des *Textes sur l'hérésie et sur l'histoire*.

V :   *Vies*, suivi de la page dans la traduction de J. Terrel.

LA VIE DE THOMAS HOBBES

Une longue formation

Thomas Hobbes vit le jour le 5 avril 1588 à Westport, petit village situé en périphérie de Malmesbury dans le Wiltshire. Rétrospectivement soucieux de conjuguer sa vie à l'histoire politique, Hobbes associera sa naissance à la crainte épidémique de l'invasion espagnole : dix jours plus tard, en effet, l'Invincible Armada recevait la bénédiction avant d'appareiller. La rumeur de l'attaque aurait précipité, dit-il, l'accouchement de sa mère, scellant une relation fraternelle, gémellaire entre Hobbes et la peur. Son père, également prénommé Thomas, était prêtre et le baptisa lui-même ; personnage faible, colérique et peu instruit, il s'est surtout distingué par ses manières vulgaires au point qu'en 1604, une violente altercation avec un autre prêtre de la paroisse l'obligea à fuir le foyer et à se perdre dans la région londonienne. Le jeune Thomas avait un frère aîné, Edmund, et une sœur cadette, Anne.

Malgré la modestie de son environnement social, Hobbes reçut très tôt une éducation favorisée, en entrant d'abord à quatre ans à l'école de Westport, où il apprit à lire, à écrire et à compter. À huit ans, il intégra l'école élémentaire de Malmesbury où il apprit le latin et le grec avec Robert Latimer, professeur classique et compétent qui devint une figure paternelle et bienveillante pour le jeune Thomas, l'instruisant souvent jusque dans la soirée. En 1602, Hobbes était prêt à poursuivre ses études ; il choisit Magdalen Hall, Oxford, d'où venait également Latimer. En l'absence du père, ce fut son oncle Francis, maire de Malmesbury, qui finança ses années d'études à Oxford. Il y entra plus jeune que la plupart des autres élèves – à treize ou quatorze ans – et ne semble pas y avoir tissé des liens particuliers. Conformément au curriculum traditionnel, il y apprit dès la première année la grammaire, la rhétorique, la logique et les rudiments de la métaphysique. On ne saurait dire qu'il fut plus studieux que d'autres, mais il obtint son *Bachelor of arts* en février 1608 et dut paraître suffisamment remarquable pour que le principal du *college*, le calviniste John Wilkinson, le recommandât immédiatement à la famille Cavendish.

Hobbes entretint des relations avec cette famille du Derbyshire toute sa vie à des degrés de proximité variables, soit comme tuteur appointé, soit comme ami ou correspondant ; il terminera d'ailleurs son existence auprès d'elle, et dans les mêmes demeures où il était entré plus de soixante-dix ans plus tôt, à Hardwick Hall et à Chatsworth. Lorsqu'il entre au service de William Cavendish, le futur Comte de Derbyshire (1552-1626), c'est pour y exercer la fonction de tuteur de son fils, William (1590-1628). William a dix-huit ans, Hobbes en a vingt ; celui-ci semble plutôt n'avoir eu d'autre choix que d'accompagner les loisirs et divertissements de son élève au point de perdre de son latin et de son grec. Années de gaspillage, comme il le jugera plus tard. Il partage la vie de la famille, alternant selon la saison entre les deux résidences du comté, et la suit à Londres en 1614 lorsque certains membres prennent part à l'*Addled*

Parliament, occasion pour Hobbes de se frotter pour la première fois à la vie et à l'agitation publiques.

C'est probablement cet été-là, après la clôture du Parlement, que Hobbes accompagne William sur le continent pour le traditionnel *Tour* qui participe de la formation intellectuelle et civile de tout aristocrate anglais. C'est le premier des trois voyages continentaux de Hobbes qui en tirera toujours un profit plus grand que ceux qu'il accompagnera, et un profit par ailleurs croissant. La pérégrination qu'il fit alors avec son élève le conduisit à Venise, Rome et Naples à l'automne 1614 avant qu'ils ne séjournent de nouveau à Venise au printemps suivant ; ils furent de retour en Angleterre à la fin de l'été, non sans s'être arrêtés à Paris. L'événement important réside dans la rencontre que les jeunes hommes firent à Venise avec Fulgentio Micanzio, le secrétaire de Paolo Sarpi. Ce dernier était alors en conflit ouvert avec Rome et tentait de défendre les intérêts de la République contre ceux de la papauté ; il plaidait en particulier pour l'indépendance religieuse et la tolérance envers les protestants au sein de la cité. En matière scientifique, Sarpi était empiriste, matérialiste, déterministe et anti-aristotélicien, des orientations que partagera Hobbes, sans que l'on puisse évaluer l'influence qu'aurait pu avoir Sarpi.

Il est certain en revanche que la rencontre avec Micanzio eut une autre importance : de retour en Angleterre, celui-ci entama une longue correspondance avec William portant aussi bien sur la politique inter-nationale – Micanzio cherchait à infléchir la position anglaise, jugée trop indulgente vis-à-vis de Rome – que sur la pensée de Bacon, dont il se disait grand admirateur. Il n'est pas interdit de penser qu'il flattait peut-être ainsi un personnage public qui pouvait exercer une influence sur le roi. Quoi qu'il en soit, Hobbes fut un observateur privilégié de ces échanges intellectuels et diplomatiques puisqu'il traduisit lui-même les lettres de Micanzio, qui arrivèrent finalement entre les mains de Bacon, lequel souhaita alors correspondre directement avec lui. Les liens entre Bacon, Cavendish et Hobbes furent étroits à cette époque. Un ouvrage, les *Horæ subsecivæ* (les « heures de loisir ») parut anonymement en 1620; il est composé de douze essais moraux d'inspiration baconienne – dix d'entre eux avaient été composés par Cavendish, et transcrits par Hobbes, en 1615 – et de quatre discours dont la proximité avec des textes parfois non publiés de Bacon, par exemple les *Aphorismi de jure gentium maiore*, a pu être démontrée. Si Hobbes n'est sans doute lui-même l'auteur d'aucun de ces textes, il a été manifestement proche de leur rédaction et de leur publication. Quoiqu'il soit difficile de connaître avec certitude le degré d'adhésion de Hobbes à ces réflexions, il évoluait donc dans un cercle où prédominaient l'inspiration romaine, celle de Tacite en particulier, et le goût pour l'exercice rhétorique.

Ces premiers contacts avec le Chancelier ont sans doute incité celui-ci à prendre Hobbes comme assistant régulier en 1620 ou 1621; Hobbes l'aidait dans son travail quotidien, retranscrivait ses pensées à la volée lors de leurs promenades et traduisait en latin un certain nombre de ses *Essays*. Si les relations personnelles entre Hobbes et Bacon sont bien avérées, sa proximité intellectuelle est plus discutée, mais il est fort probable qu'à cette époque, Hobbes épousait globalement l'esprit humaniste et civique qui s'exprime dans les *Horæ subsecivæ*.

Hobbes était progressivement devenu le secrétaire et l'ami de William Cavendish, plus que son tuteur : ils venaient l'un et l'autre de passer le cap de la trentaine. Cette situation avantageuse lui permit d'observer de près l'activité politique anglaise lors des Parlements de 1621, 1624, 1625 et 1626, auxquels son patron participait, d'abord à la Chambre des Communes, puis, à la mort de son père en 1626, à la Chambre des Lords en tant que deuxième Comte de Devonshire. Hobbes fut donc aux premières loges des animosités et de la rivalité entre le Parlement et le roi, en particulier lorsque Charles I er se vit refuser en 1625 les sommes d'argent qu'il avait demandées, aussi bien le traditionnel revenu à vie (le *Tonnage and Poundage*) que des fonds permanents afin de mener la guerre à l'Espagne. Les Communes rompirent avec l'usage et ne lui accordèrent qu'un montant pour l'année, plaçant de fait le roi sous la dépendance et le contrôle récurrent du Parlement. La dissolution de son premier Parlement et l'échec du second, en 1626, conduisirent Charles I er à ponctionner illégalement ses sujets, révélant un vice constitutionnel qui a peut-être impressionné Hobbes dès ce moment.

En plus d'être le spectateur privilégié de la vie politique institutionnelle, Hobbes put connaître les affaires publiques et les stratégies de pouvoir dans leurs lieux plus périphériques, toujours grâce à William Cavendish. En effet, celui-ci était aussi un membre fondateur de la *Company of the City of London for the plantation of the Somers Islands*, une fondation autonome mais satellite de la *Virginia Company* créée en 1615. Elle avait pour objet d'exploiter et de gouverner des territoires américains. Hobbes accompagnait son patron lors des conseils d'administration souvent agités et eut l'occasion de croiser quelques personnalités comme Dudley Digges ou John Selden. Il devint même membre à part entière de la corporation, sans doute pour doubler les votes de Cavendish. On ne saurait par ailleurs oublier, en lisant ses déclarations ultérieures sur la vie sauvage des Indiens d'Amérique, censée parfois illustrer le concept d'état de nature, que Hobbes n'avait pu manquer d'être informé de la réalité des sociétés indigènes par sa participation à la *Virginia Company*.

La mort de Cavendish en 1628 suspendit brusquement les liens de Hobbes avec la famille. La prodigalité et la négligence de son patron avaient multiplié les dettes ; plus personne n'avait réellement besoin de Hobbes à Hardwick, qui décida sans doute lui-même de partir. L'année suivante, il publiait son premier ouvrage, une traduction de la *Guerre du Péloponnèse* de Thucydide qu'il dédiait à celui qu'il avait suivi durant vingt ans : Hobbes avait passé la dernière décennie à recouvrer ce qu'il avait perdu du grec ; il avait adhéré avec plus ou moins de conviction à l'humanisme civique et goûté au moins en apparence l'esprit baconien ; il avait enfin observé les divisions politiques et les prodromes de ce qui deviendra la Guerre civile. Ainsi apparaît sa traduction de Thucydide : comme une œuvre-Janus. Elle est l'aboutissement d'une formation classique, le témoignage d'un héritage reçu et assimilé, une entreprise qui le rattache d'abord à la tradition civique. Mais le souci de comprendre la guerre civile pour y remédier, actualisé par la crise anglaise, ainsi que la conviction que la démocratie est le ferment d'un populisme séditieux (conviction qu'il croit pouvoir attribuer à l'historien grec) attestent d'une préoccupation politique nouvelle qui le tiendra jusqu'à la fin de sa vie et pour laquelle il devra réformer la philosophie.

1629-1640 : la conversion à la science moderne

Hobbes trouva rapidement un nouveau patron en la personne de Sir Gervase Clifton (1587-1666), homme politique riche et influent, baronet du Nottinghamshire qui allait prendre parti pour le roi lors de la Guerre civile. Hobbes fut employé dans le but d'accompagner Gervase Clifton fils (1612-1676) au cours d'un voyage sur le continent, le deuxième pour Hobbes. Partis en 1629, Hobbes et son jeune élève séjournèrent à Paris, Lyon et Genève ; ils évitèrent l'Italie alors très instable et revinrent au cours de l'automne 1630 en Angleterre, Hobbes reprenant alors de nouveau le chemin de Hardwick Hall. L'événement le plus important de ce voyage fut, semble-t-il, sa découverte des *Éléments de la géométrie* d'Euclide dans une bibliothèque, pro-bablement à Genève. Rapportée dans un ouvrage tardif (l'*Examinatio et emendatio* de 1660), dans son auto-biographie en prose et dans la biographie de Hobbes par Aubrey, cette illumination euclidienne de Hobbes demeure pourtant incertaine quant à son importance, et même quant à son existence : elle ne figure pas dans son autobiographie en vers et a pu être inventée sur le tard pour répondre aux critiques qui ciblaient ses compétences trop fraîches en mathématiques. Il ne fait cependant pas de doute que Hobbes fera sienne la méthode géométrique de la définition et de la computation, non sans lui imprimer des modifications qui lui sont propres, et que sa conception des mathématiques sera géométrique plutôt qu'arithmétique.

Rappelé auprès de la famille Cavendish, Hobbes enseigne pendant sept ans le latin, la rhétorique, la logique, l'astronomie et la géométrie au fils de son ancien élève, également prénommé William Cavendish (1617-1684), avec lequel il entreprend son troisième séjour continental, le plus long et le plus fructueux de tous. C'est en effet pendant ce voyage qu'il rencontre les principaux promoteurs de la théorie mécaniste à laquelle il adhère immédiatement : Galilée à Florence (avril 1636) et surtout Mersenne à Paris (une première fois en 1634-1635 puis sur le chemin du retour, durant tout l'été 1636). Ses échanges quotidiens avec Mersenne le mettent en relation avec les artisans de la science nouvelle et Hobbes y reçoit pour la première fois la reconnaissance des savants de l'époque. Il semble à peine exagéré de qualifier ce séjour de seconde naissance ; il forme en tous les cas une césure dans son existence. Un horizon théorique s'ouvre à lui et chaque jour, « à chaque instant » précise-t-il, il réfléchit à la nature des choses et découvre que le principe des principes, en toutes choses, est le mouvement, rendant compte de la réalité à tous ses degrés de complexité, du monde physique à la vie psychique et politique. Hobbes rentre en Angleterre avec des convictions mécanistes et matérialistes, ainsi qu'une détermination philosophique inédite.

Libéré de sa charge de tuteur l'année suivante, Hobbes peut consacrer l'essentiel de son temps à la recherche et à la mise en œuvre de son grand projet des *Éléments de la philosophie*, dont il définit rapidement le plan tripartite. Trois traités étudieraient successivement le corps (*De corpore*), la nature humaine (*De homine*) et le citoyen (*De cive*). Il fréquente alors de nouveau Welbeck Abbey, domaine de Newcastle, le cousin de William Cavendish II, où se retrouve régulièrement un groupe informel de savants et de curieux depuis le début des années 1630 : Charles Cavendish, le frère de Newcastle, Robert Payne et Walter Warner, tous intéressés par la physique et en particulier par l'optique. De ce cercle, mais sans doute pas de Hobbes lui-même, sera issu le *Short Tract on First Principles*, un traité qui applique la méthode déductive à la psychologie humaine. Parallèlement, Hobbes participe aux réunions qui se tiennent à Great Tew, la demeure de Lucius Cary, Viscount Falkland, près d'Oxford et où l'on s'entretient de la religion et des affaires publiques. Les principaux membres de ce second cercle – William Chillingworth, Edmund Waller, Ben Jonson, Edward Hyde, Abraham Cowley ou Sidney Godolphin – partagent des intérêts pour la théologie, la poésie et la politique. La tendance générale est à un rationalisme en matière de religion et d'institution ecclésiastique capable de surmonter les conflits confessionnels, s'attirant l'hostilité des protestants comme des catholiques. C'est peut-être à cette occasion que Hobbes a découvert Grotius, qu'on lisait avec approbation.

Hobbes est donc à la tâche à la fin des années 1630, époque à laquelle on peut dater certaines des premières esquisses de sa philosophie première ou naturelle. Mais les événements nationaux le poussent à étudier plus tôt que prévu les questions politiques. Charles Ier envahit en effet l'Écosse au début de l'été 1639 afin d'y imposer par la force l'usage du *Book of Common Prayer* d'inspiration laudienne et pour y mater les éclats de séditions, mais il manque d'argent pour constituer une armée suffisamment fournie et entraînée et échoue finalement dans son entreprise militaire. Alors que le roi a besoin du Parlement pour lever de nouveaux fonds, la colère monte dans le pays contre la politique de Charles Ier. L'affaire du *Ship money* est alors un des principaux motifs de mécontentement : la prérogative royale d'imposer les villes côtières pour l'usage de la mer, propriété du roi, avait rencontré de plus en plus de résistance au cours de la dernière décennie, et d'autant plus que Charles I er avait cherché à l'étendre à des villes éloignées des côtes et en temps de paix. Les griefs contre le règne personnel et absolu du roi s'étaient ainsi multipliés et finissaient par soulever des questions institutionnelles fondamentales.

À l'annonce d'un nouveau Parlement au début de l'année 1640, la candidature de Hobbes est envisagée et soutenue par William Cavendish III, mais fait long feu par manque d'appui local. Le *Short Parliament* ouvre le 13 avril avec pour mission d'approuver les nouveaux impôts, ce qu'il se refuse à faire, entrant au contraire dans une confrontation inédite avec le roi. Il réclame l'abolition des taxes forcées, la fin des abus de pouvoir et la reconnaissance des privilèges du Parlement. Dans l'impasse, le roi préfère dissoudre le Parlement le 5 mai. Quatre jours plus tard, Hobbes signe l'épître dédicatoire des *Elements of Law, Natural and Politic*, première œuvre philosophique aboutie, qui avait probablement commencé de circuler dès avant la fin du *Short Parliament*. L'ouvrage, d'une grande maturité, résume l'état de la pensée de Hobbes dans les domaines de l'anthropologie et de la politique. Il n'est pas un simple pamphlet comme il s'en répand déjà à l'époque car il entend « réduire [la doctrine civile] aux règles et à l'infaillibilité de la raison » en suivant la seule logique. Prenant son point de départ dans une étude mécaniste de la nature humaine, Hobbes en tire méthodiquement les conséquences nécessaires dans le domaine politique. Ses conclusions relatives au caractère absolu et indivisible de la souveraineté en font clairement un défenseur de la cause du roi, et Hobbes devient une cible des parlementaristes anglais.

1641-1660 : l'exil et le retour du philosophe

Le roi demeurant dans l'impasse, un nouveau Parlement devient nécessaire à l'automne et Hobbes accompagne William Cavendish III à Londres afin de suivre les débats du Parlement, tandis que celui-ci doit siéger à la Chambre des Lords. Le conflit reprend aussi vite qu'il avait été interrompu et les attaques contre les royalistes se multiplient. Strafford, qui encourageait le roi dans sa posture autoritaire, est arrêté le 25 novembre, Laud le 18 décembre. Comme on ne veut pas encore s'en prendre à la personne du roi, on redouble d'accusations contre ses conseillers, que l'on charge à l'envi. Roger Maynwaring, qui avait défendu l'autorité absolue du roi y compris en matière religieuse, est envoyé en prison. Se sachant connu, se sentant menacé, Hobbes se résout à s'enfuir en France dès la fin du mois de novembre. Cette décision n'est pas le fait d'un lâche : il est en effet probable que Hobbes figurait parmi les prochaines victimes des antiroyalistes ; il n'était pas noble, ne disposait ni des protections, ni de la formation militaire des aristocrates et n'a finalement été que l'un des premiers d'une longue liste d'exilés anglais à Paris. Hobbes avait mieux à faire que d'expier les failles de la constitution anglaise.

Arrivé dans la capitale française, Hobbes oublie un temps la fureur de la politique. Il y retrouve Mersenne à travers lequel il poursuit ses échanges épistolaires avec Descartes dont il a lu le *Discours de la méthode* dès 1637 et dont il critique l'explication de la réfraction dans un traité aujourd'hui disparu. Les deux savants ne parviennent pas à s'entendre et le mépris prend vite le pas sur la curiosité. Hobbes reçoit les *Méditations métaphysiques* en primeur au printemps 1641 et rédige les

Troisièmes objections. Malgré la convergence évidente de leurs philosophies naturelles – ou à cause d'elle – Descartes et Hobbes n'entretiendront que des relations empreintes d'acrimonie et de dédain, dont la rivalité pour le titre de fondateur de la physique moderne n'a pas été le moindre motif. Ils refuseront l'un et l'autre de se rencontrer et Descartes demandera assez vite à Mersenne de faire cesser des échanges qu'il estime stériles.

L'exil ne démobilise par Hobbes dans la mise en œuvre de son grand projet scientifique mais l'ordre initialement prévu est inversé : le *De cive* est achevé dès l'automne 1641, des progrès sont réalisés dans la physique et l'optique, ce qui donne lieu à des traités plus ou moins achevés (*Anti-White*, 1642 ; *Tractatus opticus*, 1644 ; *A Minute or First Draught of the Optiques*, 1646), mais la philosophie première lui donne tant de difficultés qu'il retardera plusieurs fois toute publication, jusqu'au *De corpore* de 1655. Ces modifications ont trois raisons : il y a tout d'abord, de l'aveu de Hobbes, la volonté de répondre à l'urgence politique suscitée par la crise anglaise ; en deuxième lieu, les difficultés rencontrées dans les deux premières sections de la trilogie justifient aussi la priorité accordée à la partie politique ; enfin, les recherches que Hobbes mène dans la doctrine civile le conduisent peu à peu à en reconnaître la relative autonomie épistémologique et à renoncer au plan tripartite (le corps, le corps humain, le corps citoyen) au profit d'une conception duelle de la philosophie, divisée en philosophie naturelle et philosophie politique.

Il y a de ce point de vue une divergence de préoccupation entre Hobbes, qui privilégie la politique et la rédaction du *De cive*, et ses admirateurs français qui attendent surtout de lui qu'il expose de manière systématique sa philosophie naturelle. Le *De cive* fait l'objet d'une première publication, avec l'aide de Mersenne, en mars ou avril 1642 à un petit nombre d'exemplaires, sans doute quelques dizaines, sans nom ni adresse d'éditeur, signé des seules initiales « T. H. ». La stratégie de Hobbes, et de Mersenne, est de faire circuler l'ouvrage auprès de quelques philosophes, savants et théologiens afin d'en recueillir les jugements, d'anticiper les réactions les plus hostiles (en particulier pour ce qui concerne la troisième partie dédiée à la religion) et d'éviter une censure générale. Parmi les récipiendaires de l'ouvrage, on compte Grotius, Huygens, Descartes et Gassendi, mais probablement aussi les amis de Hobbes restés en Angleterre, ainsi que Bramhall, qui rédigera soixante objections, pour moitié théologiques, pour moitié philosophiques. La plupart émettront de fortes réserves, voire des critiques virulentes contre les thèses religieuses contenues dans l'ouvrage, ce qui n'incitera pas Hobbes à en retrancher quoi que ce soit.

Sitôt l'ouvrage paru, Hobbes se remet à la philosophie naturelle. Mais au lieu de rouvrir directement le chantier du *De homine*, il compose une critique systématique des *De mundo dialogi* de Thomas White, à la fois pour s'opposer à un ouvrage dont l'entreprise de rationalisation lui paraît bien insuffisante, et afin de clarifier ses propres idées en la matière. Même s'il refusera de la publier, sans doute en raison de son caractère disparate et tâtonnant, parfois répétitif, cette critique est une première tentative de formalisation de sa réflexion méthodologique et de sa philosophie première et naturelle. Hobbes rédige à la même époque plusieurs textes de physique et d'optique, dont certains sont insérés dans les publications de Mersenne (la *Ballistica* dans les *Cogitata physico-mathematica*, le *Tractatus de refractione* dans l'*Universæ geometriæ mixtæque mathematicæ synopsis*). Il se lie aussi d'amitié avec William Petty, le futur économiste, dont il observe les dissections anatomiques. En avril 1645, l'arrivée à Paris de nouveaux exilés anglais, parmi lesquels Charles Cavendish et son frère, le marquis de Newcastle, ainsi que l'évêque de Derry, John Bramhall, conduit Hobbes vers la philosophie morale. C'est à la table de Newcastle qu'un débat privé a lieu entre Hobbes et Bramhall l'été 1645 sur la question du libre arbitre, échange qui ne sera divulgué que quelques années plus tard, inaugurant une polémique publique entre les deux auteurs.

Afin de se donner de meilleures conditions de recherche et de rédaction, Hobbes envisage de s'isoler loin de la société parisienne et d'aller séjourner avec son ami Thomas de Martel dans sa maison de Montauban. Hobbes espère y compléter le *De corpore*. Pourtant, il doit vite renoncer au départ et se trouve une nouvelle fois happé par ses concitoyens : à l'arrivée en exil du jeune Prince de Galles, la proposition lui est faite de devenir son professeur de mathématiques. Hobbes ne peut décliner l'offre et vient s'installer auprès de la cour royale, à Saint-Germain-en-Laye en juillet 1646. Il y retrouve d'anciennes connaissances, comme les poètes Edmund Waller et Abraham Cowley, ainsi que William Davenant, *poet laureate* depuis 1638, avec qui il se lie d'amitié.

Malgré un agenda philosophique chargé, Hobbes trouve le temps de préparer la deuxième édition du *De cive*, poussé par Sorbière qui se charge de convaincre Lodewijk Elsevier, à Amsterdam, de publier une version de l'ouvrage enrichie de notes (qui répondent en partie aux objections reçues) et d'une préface. L'intérêt de

Sorbière est alors surtout indirect ; il entend motiver Hobbes à achever sa philosophie naturelle, à laquelle s'adosse cette philosophie politique. La reconnaissance publique lui donnerait, pense-t-il, la puissante impulsion dont il a besoin pour mener son projet à terme. Sorti de l'imprimerie en janvier 1647, le livre connaît un succès immédiat et fait connaître le nom de Hobbes auprès de tous les savants européens. L'ouvrage est épuisé en six mois et dès l'automne, Elsevier fait réimprimer l'ouvrage assorti des lettres de recommandations de Mersenne et de Gassendi. Le *De cive* fut véritablement l'ouvrage qui fit de Hobbes un philosophe respecté et renommé, à l'âge tardif de cinquante-neuf ans. Écrit en latin, il put toucher les savants de l'Europe à une époque où personne, sur le continent, ne parlait l'anglais.

La précarité de la vie humaine n'est pas une simple thèse philosophique ; la guerre, mais aussi la maladie le rappellent en permanence. En août 1647, Hobbes tombe violemment malade ; délirant, au bord de la mort pendant plusieurs semaines, il se confesse à John Cosin, un pasteur anglican avant d'en réchapper le mois suivant, laissant les traces d'une expérience personnelle de l'agonie et du besoin religieux qu'elle lui a imposé. Dans un autre registre, Hobbes observe à distance les rebondissements de la politique anglaise : le coup d'État de Thomas Pride en décembre 1648, la condamnation et l'exécution officielle de Charles Ier à Whitehall le 30 janvier suivant. Nul doute que la philosophie, naturelle ou politique, vienne assister l'homme dans son désir de protection et de conservation.

Alors qu'il peine toujours à conduire à leur terme les deux premières sections de ses *Éléments de la philosophie*, Hobbes se lance dans la rédaction du *Léviathan* en 1650, avec une rapidité qui contraste avec la lenteur de ses progrès en philosophie naturelle. Au mois de mai, il a déjà écrit trente-sept chapitres (sur les quarante-sept que comptera l'ouvrage). Le livre paraît en avril-mai 1651 à Londres chez Andrew Crooke. Charles II – qui a accédé automatiquement au titre de roi à la mort de son père – en reçoit un exemplaire manuscrit. L'ouvrage choque de nombreux lecteurs, aussi bien en Angleterre qu'en France, où Hobbes se trouve menacé d'un côté par les catholiques, qui ne tolèrent pas les critiques contre l'Église romaine que Hobbes développe dans la seconde moitié du livre, et de l'autre par les conseillers du nouveau roi qui ne veulent pas le voir associé à la théorie d'un auteur absolutiste, peut-être opportuniste (c'est ainsi que l'on a pu comprendre le lien entre obéissance et protection affirmé dans l'ouvrage) et déjà réputé athée. Et de même que Hobbes avait quitté l'Angleterre pour éviter une mort possible, il quitte la France et rentre dans l'Angleterre de Cromwell en février 1652 afin de préserver sa vie.

La décennie suivante est marquée à la fois par des polémiques, qui finissent par lasser Hobbes, et par l'achèvement de son système philosophique, avec la publication du *De corpore* en 1655 et du *De homine* en 1658. Le *Léviathan* n'a pas tout de suite suscité le scandale auquel il sera ensuite associé ; mais les positions hétérodoxes de Hobbes en matière de religion vont finir par en faire la cible des différentes sectes religieuses et par disqualifier par contamination l'ensemble de ses théorèmes, moraux, politiques ou scientifiques. Dans les années 1660, Hobbes deviendra alors la figure diabolisée que l'histoire a retenue. Avant cela, néanmoins, il demeure un interlocuteur respecté quoique controversé.

Sa critique, souvent injuste, des universités anglaises, coupables selon lui d'enseigner un aristotélisme confondant, fait peu de cas de ce qu'elles sont devenues quarante ans après qu'il a quitté Magdalen Hall. Seth Ward prendra leur défense dans ses *Vindiciæ academiarum* en 1654, entamant une polémique qui rejaillira à la moindre occasion, notamment dans ses ouvrages scientifiques ultérieurs.

La même année voit un autre front s'ouvrir, lorsqu'un ami peu scrupuleux, auquel Hobbes avait prêté le manuscrit des réponses fournies à Bramhall lors du débat de 1645, le fit publier sans son autorisation en 1654. Furieux de la divulgation d'un échange qu'ils avaient promis de garder privé, et surtout ulcéré que sa propre position ait été omise, Bramhall publia la même année un texte qui reprenait les deux contributions au débat, ainsi que sa réponse au texte de Hobbes (*A Defence of True Liberty*). L'enjeu portait sur la réalité du libre-arbitre, que soutenait l'arminien Bramhall et que rejetait Hobbes, et s'étendait rapidement à des questions morales, religieuses et politiques. La querelle se prolongea avec une nouvelle réplique de Hobbes (*Questions concerning Liberty, Necessity and Chance*, 1655) et sa critique par Bramhall (*Castigations of Mr. Hobbes his last Animadversions*, 1658).

L'autre grande polémique, dangereuse et même désastreuse à plusieurs égards pour Hobbes, concerna ses compétences en mathématiques. L'occasion en fut sa prétention à avoir résolu deux grandes énigmes dans le *De corpore* : la quadrature du cercle et la trisection de l'angle. Ce type de déclaration n'était pas aussi ridicule à l'époque qu'elle ne l'est aujourd'hui, maintenant qu'il a été démontré que ces énigmes sont insolubles (ce qui ne fut fait qu'au XIXe siècle). Néanmoins, Hobbes fut attaqué par le grand mathématicien anglais, John Wallis, qui occupait alors la chaire Saville à Oxford (*Elenchus geometriæ hobbianæ*, 1655). Hobbes lui répondit dans les *Six lessons to the professors of mathematics*, publié en annexe de la traduction anglaise du *De corpore*, l'année suivante, où il accusait son adversaire de ne pas même comprendre la nature des mathématiques. Les échanges se poursuivirent jusqu'au début des années 1660 avant de reprendre dix ans plus tard. Il faut bien comprendre que si la polémique fut aussi violente et déterminante pour Hobbes, c'est qu'elle détruisait sa réputation de mathématicien et qu'elle a, par voie de conséquence, affecté la réception d'une philosophie politique dont la méthode empruntait beaucoup, de son propre aveu, à la géométrie. Si Hobbes se rendait coupable de tels paralogismes en mathématiques, comment pouvait-on le prendre au sérieux lorsqu'il prétendait déduire les droits et les devoirs des souverains et des citoyens ? Il n'est donc pas surprenant que les arguments et les objections des uns et des autres mêlaient inextricablement des thèses religieuses et des preuves mathématiques, électrisant ainsi la relation entre les deux auteurs.

1661-1679 : la vieillesse active

L'âge vénérable auquel Hobbes est déjà parvenu – soixante-douze ans au retour de Charles II en 1660 – ne ralentit guère son rythme de travail. La dernière période de sa vie ne désemplit pas d'écrits et de publications, même si Hobbes ne présentera pas de nouvelle version systématique de l'ensemble de sa philosophie. Il réside alors à Londres, dans les demeures successives de

William Cavendish III, à *Little Salisbury House*, *Queen Street* puis *Newport House*. Il s'impose une discipline de travail quotidien, se levant à 7 heures, s'adonnant à la méditation lors de ses promenades et déposant ses notes à la volée sur des feuilles collées à un plateau libre qu'il emmène toujours avec lui. Il déjeune ensuite à 11 heures, fume sa pipe, puis se repose une demi-heure avant de passer l'après-midi à rédiger ses pensées matinales. Il se tient à un régime alimentaire sans viande et joue même au tennis deux ou trois fois par an. Le vieil homme qu'il est entretient sa forme physique autant que sa vivacité intellectuelle ; il ne pourra malheureusement pas empêcher la progression des tremblements qui avaient commencé à l'affecter dès la fin de son exil parisien et qui rendront son écriture illisible.

Durant la Restauration, les positions religieuses de Hobbes, en particulier sa thèse selon laquelle le souverain politique détient également l'autorité spirituelle, eu égard non seulement au contrôle du clergé, mais aussi à la dogmatique, donnent lieu à une campagne offensive de la part des presbytériens en général et de Richard Baxter en particulier. C'est à cette époque que l'accusation de « hobbisme » apparaît comme l'équivalent infamant d'athéisme. Malgré la protection recouvrée du roi, son ancien élève, Hobbes se trouve ainsi la cible d'attaques virulentes, qui culminent lorsqu'en 1666, le Parlement accuse Hobbes (ainsi que Thomas White) d'athéisme et de profanation, arguant que la diffusion du *Léviathan* aurait été responsable des récents traumatismes subis par les Londoniens (la grande peste de 1665 et l'incendie qui détruisit les quatre cinquièmes de la Cité en 1666). Au terme d'une instruction qui dure deux ans, Hobbes échappe finalement à toute condamnation, mais il est

amené à répondre à ces accusations dans une série de
textes consacrés au sens et à la portée de l'hérésie –
l'annexe à la version latine du *Léviathan* parue en 1668
et *An historical narration concerning heresy* écrite
à la même époque, mais qu'il ne parvient pas à faire
publier – ou destinés à défendre sa moralité et sa piété
– *Considerations upon the reputation, loyalty, manners,
and religion, of Thomas Hobbes* en 1662.

En parallèle et sans qu'il puisse être totalement
dissocié de ces accusations religieuses, son conflit avec
la *Royal Society* prit un tour amer. Fondée en 1660, la
société de savants réunissait, outre quelques-uns de ses
ennemis déclarés (John Wallis, Seth Ward), bon nombre
de scientifiques plutôt bienveillants à l'égard de Hobbes.
Mais celui-ci ne put jamais en devenir membre, alors
même que ses travaux, aussi imparfaits qu'ils aient pu être,
s'illustraient tout de même par des avancées scientifiques
et théoriques dont ne pouvaient se prévaloir la plupart de
ceux qui y furent alors associés. Deux raisons peuvent
justifier cette exclusion surprenante, voire ostensible. La
première concerne le rapport distancié, sinon méprisant,
que Hobbes entretenait avec l'expérience, au cœur du
programme scientifique de la *Royal Society*. L'adoption
du mécanisme et du rationalisme ne suffisait pas aux
yeux des savants de Londres. La polémique s'envenima
en particulier autour de la question du vide, à laquelle
Hobbes ne croyait plus depuis 1648, et qui l'opposa à
Robert Boyle, qui prétendait avoir réussi à construire une
pompe à air, capable de faire le vide à l'intérieur d'un
réservoir. Dans le *Dialogus physicus* (1661), Hobbes
exprime son dédain pour la méthode expérimentale et
accuse Boyle et la *Royal Society* de se laisser piéger par un
empirisme enthousiaste mais naïf et de tomber ainsi dans

des erreurs bien puériles : Boyle croit voir de l'air pompé hors d'un globe de verre, alors qu'il y a tout lieu, pense Hobbes, de ne pas exclure l'hypothèse que de l'air, subtil et invisible, y pénètre simultanément par les interstices du dispositif, afin de remplacer celui qui en a été ôté. Mais l'arrogance de Hobbes, peu enclin au dialogue, et surtout aux concessions, tout comme sa position de philosophe, qui le conduisait à insérer la philosophie naturelle à l'intérieur d'un système théorique plus large, incluant une philosophie première, une ontologie, et y associant une théologie et une doctrine morale et politique, rebutaient les hommes de la *Royal Society* qui entendaient poursuivre des recherches circonscrites, dans une paix et une neutralité au moins relatives.

Si les dernières années peuvent parfois donner l'impression que Hobbes a délaissé les affaires civiles ou théologiques, cette apparence provient surtout de ce qu'il lui était désormais interdit de publier quoi que ce fût de relatif à la politique ou à la religion. En réalité, Hobbes continue à s'en préoccuper au plus haut degré. Il rédige ainsi un ouvrage consacré à la place du droit, et notamment du droit coutumier, au sein de la politique (*Dialogue between a philosopher and a student of the Common Laws of England*, écrit après 1664 et publié en 1681), une interprétation analytique de la Guerre civile qui cherche à identifier les différentes causes de la guerre (*Behemoth*, écrit vers 1666-1668 et publié en 1682), une généalogie du pouvoir ecclésiastique (*Historia ecclesiastica*, rédigée dans les années 1660 et publiée en 1688) et un récit historique de l'hérésie (*An historical narration concerning heresy and the punishment thereof*, écrit vers 1668 et publié en 1680). De fait, la personne Hobbes, que l'on n'entend plus guère, est peu à peu occultée par sa légende et sa mauvaise réputation; son nom devient autonome et cristallise les projections et les sentiments irrationnels d'adhésion ou de rejet, comme l'épisode Scargill l'illustre de manière consternante. Daniel Scargill était un étudiant quelque peu extravagant de Corpus Christi College, Cambridge, qui s'était réclamé de Hobbes pour soutenir des thèses nécessitaristes ou pour nier la source naturelle du droit. Le scandale qu'il causa lui valut, en 1669, son renvoi de l'université, à laquelle il ne fut finalement réintégré que grâce à une rétractation publique de ses convictions supposément hobbesiennes.

La publication de ses œuvres latines en 1668, pour laquelle il a traduit le *Léviathan*, constitue l'accomplissement de sa carrière de philosophe et rend finalement sa pensée la plus aboutie accessible au public de tous les lettrés. La maladie le ronge peu à peu; les crises de paralysie et les tremblements deviennent plus importants, mais il conserve encore assez de vivacité pour répondre à ses détracteurs dans une série de traités scientifiques (*Rosetum geometricum*, 1671; *Lux mathematica*, 1672; *Principia et problemata*, 1674; *Decameron physiologicum*, 1678). Encore plus étonnant, il mène à bien, à plus de quatre-vingt cinq ans, la traduction complète de l'*Iliade* et de l'*Odyssée*. Hobbes quitte définitivement Londres en 1675, et suit le Comte de Devonshire dans sa résidence de campagne à Chatsworth. À l'automne 1679, Hobbes est saisi de douleurs urinaires. Malgré son état, il décide d'accompagner la famille Cavendish qui va prendre ses quartiers d'hiver dans la demeure moins froide de Hardwick Hall. C'est là qu'une crise de paralysie l'immobilise, l'empêchant de parler comme de manger. Il meurt le jeudi 4 décembre et est enterré à proximité dans le village d'Ault Hucknall.

LA PENSÉE DE HOBBES

LA PHILOSOPHIE ET SES RAISONS

De l'histoire à la philosophie

La philosophie a certainement une méthode, des principes et un développement. Elle a aussi une justification et une raison d'exister, peut-être même a-t-elle une fonction. On est en droit de s'interroger sur sa place et ses effets dans le monde, non pas de façon abstraite, mais en repérant son origine historique et son fondement anthropologique ; en mesurant sa puissance et son influence. La « philosophie », rappelle-t-on souvent, est un mot grec ; la philosophie serait grecque en sa fondation et en sa nature. Platon et Aristote en seraient les figures tutélaires dans le sillon desquelles il conviendrait de se situer pour philosopher. Aristote a cru pouvoir soutenir que « tous les hommes désirent naturellement savoir » (*Métaphysique*, A) ; ils y réaliseraient leur essence. L'histoire de la philosophie serait l'histoire de cet attrait désintéressé pour la connaissance, inscrit au fond de la nature de l'homme. Hobbes, d'emblée, n'entend pas souscrire à ce roman philosophique. La nature humaine n'a pas de fin extérieure assignée ; la vie n'a d'autre préoccupation que de se perpétuer. Elle est porteuse d'intérêt. Aussi loin que l'on puisse remonter dans l'histoire, on trouvera des hommes cherchant d'abord et avant tout à se procurer les conditions nécessaires pour vivre et vivre bien. Raisonner n'est pas une fin, mais un moyen. Ce n'est pas une activité à laquelle l'homme est naturellement destiné. La raison n'est pas non plus un instrument qui s'impose par nature ; bien des difficultés laissent apparaître d'elles-mêmes une solution sans exiger de déduction. Comment la philosophie est-elle donc née ? Quelle est son histoire, quel est son rôle dans l'histoire des hommes ?

Revenons à la constitution de l'homme. Les facultés strictement naturelles chez lui se résument à la sensation, à l'imagination et à l'enchaînement des pensées, à l'exclusion de ce qui se développera sous l'impulsion du langage, qui ne relève plus à proprement parler de la nature humaine (L, 25). Ces facultés sont communes à tous les animaux ; l'homme ne s'en distingue donc pas en vertu de sa nature. La prudence, cette capacité à tirer des leçons de l'expérience, est naturelle mais ne lui est pas propre, alors qu'à l'inverse le langage et la raison lui sont propres mais ne sont pas naturels. La véritable naissance de l'humanité correspond donc au moment, plus tout à fait naturel, de l'obtention du langage, grâce auquel l'homme pourra à la fois conserver ses pensées, les ordonner, les développer et les communiquer. L'origine du langage se perd elle-même dans l'histoire, mais elle ne peut être naturelle ; elle implique au contraire nécessairement l'intervention extérieure et surnaturelle de Dieu, soit que Dieu commande à l'homme d'inventer lui-même les mots primitifs (DH, 375), soit qu'Il les lui enseigne (L, 27). Cette première origine, que l'on peut tout au plus postuler, est relayée ensuite par l'évolution disparate des multiples idiomes sur la terre, dont Babel constitue le commencement mythique.

Dans les premiers temps de l'humanité, l'homme n'était donc déjà plus totalement naturel, mais la part de nature prévalait encore nettement sur la part d'artifice. De ce fait, les hommes se ressemblaient beaucoup : « Il est rare que la nature elle-même fasse les hommes particulièrement bons ou particulièrement méchants, particulièrement sots ou intelligents. Quelque maître achève l'ouvrage entamé » (HE, 306 ; *cf.* L, 32). En ce temps-là, les hommes n'étaient plus assez naturels pour ne rechercher que ce que la nature fournit en abondance, de sorte que la question du partage, de la propriété, du mien et du tien se posait déjà, requérant l'établissement de quelque État. Mais ils restaient en même temps suffisamment proches de la nature pour la laisser les guider dans la résolution de ce problème. Leur intérêt n'était sans doute plus immédiat, mais il était simple et manifeste, et l'uniformité anthropologique avait pour conséquence que l'intérêt individuel concordait spontanément avec l'intérêt commun, aussi chacun percevait-il naturellement la nécessité de l'État (HE, 316). L'histoire de l'humanité a donc commencé par ce paradoxe d'une vie naturelle civile : les hommes s'accordaient pour fonder une autorité souveraine et lui obéissaient avec une ponctualité absolue. L'utilité du pouvoir politique relevait de l'évidence, et l'évidence de la vie civile rendait la philosophie superflue.

L'établissement des États a eu cependant pour effet de garantir aux hommes une vie juste et paisible, protégée des ennemis extérieurs. Cette situation les a libérés du souci de se préserver eux-mêmes ; en leur ôtant cette préoccupation, elle a aussi rendus les hommes oisifs et c'est pour peupler cette oisiveté que les hommes ont entrepris de s'adonner aux arts libéraux et en particulier à la philosophie (HE, 316 ; L, 679). La philosophie est donc née là où sont d'abord apparues les grandes cités ou les grandes républiques : en Inde, en Perse, en Chaldée et en Égypte. Pas en Grèce. Elle est l'enfant du loisir, non du désir ou de la nécessité.

Certes, la philosophie peut être qualifiée d'« innée » en l'homme dans la mesure où elle n'est rien d'autre que la raison naturelle. Mais c'est seulement à la manière des semences de blé ou de vignes sauvages qui poussent çà et là de manière spontanée et sans grand profit (DCO, 1, 1, 1 ; L, 679). Il leur manque le soin et la culture. De la même façon, les hommes ont, en tous lieux et temps, produit des pensées, et même des pensées vraies, puisque le raisonnement est la conséquence de la parole. Mais partout où les hommes restaient accaparés par leur survie, le loisir leur a manqué pour s'y appliquer avec méthode et connaître la véritable philosophie. Les sauvages d'Amérique illustrent ces sociétés d'hommes qui, sans être tout à fait ignorants, ne sont pourtant pas philosophes. La philosophie présuppose des conditions politiques.

Les effets de la philosophie sont ambivalents. Les hommes, émerveillés par le ciel et les astres, se sont d'abord intéressés à comprendre leurs mouvements. L'astronomie fut la première science. Leur curiosité s'est ensuite focalisée sur la nature environnante, leur fournissant un pouvoir de maîtrise technique. Or le savoir, au contraire de la nature, est inégalement réparti. Certains s'y débrouillent mieux que d'autres et les iné-galités s'accusent, différenciant savants et ignorants. De pouvoir sur la nature – la connaissance permet de prévoir et d'agir – le savoir devient rapidement un pouvoir sur les ignorants. La finalité de la science se trouve alors détournée : être capable d'agir sur la nature, prétendre savoir intervenir sur le destin des individus, voilà qui met en place la domination des clercs, qui se contentent désormais d'un savoir apparent, dont la valeur n'est plus indexée sur la vérité mais sur l'autorité qu'il confère. Ceux qui se présentent maintenant comme philosophes, revêtus d'une aura religieuse, viennent concurrencer dangereusement l'autorité civile.

Si les Grecs n'apparaissent pas dans ce récit comme les fondateurs de la philosophie, ils représentent un moment déterminant de son histoire puisqu'ils ont introduit l'esprit critique. Le résultat fut doublement pénible : pour la cité et pour la philosophie elle-même. D'une part, le pouvoir politique s'est trouvé remis en question par la démarche socratique, sommé de se justifier devant les citoyens. D'autre part, les Grecs ont inventé le phénomène calamiteux des écoles et des sectes philosophiques, alimentant les rivalités, les diatribes et la surenchère dans la fantaisie intellectuelle. Comme on le sait bien, il n'y a pas une absurdité qui n'ait été défendue par quelque philosophe ancien (L, 681).

On comprend donc que, face à ce dévoiement historique, la tâche de la vraie philosophie soit triple :

Elle doit restituer la vérité en dénonçant les erreurs entretenues délibérément par la vaine philosophie, qui s'est développée avec les enjeux de pouvoir qui l'ont accompagnée.

Elle doit procéder à une diffusion sociale aussi large que possible afin d'éviter la captation intellectuelle par une élite qui convoite le pouvoir. Face aux manipulations pseudo-scientifiques, la capacité de résistance des individus est réelle mais pas absolue ; la promotion de la raison doit la renforcer.

Elle doit enfin construire une philosophie politique afin de résoudre le différend entre la philosophie et la politique, entre la vérité et l'autorité.

De la prudence à la science

La philosophie, ou la science, est l'exercice de la raison naturelle, c'est-à-dire la connaissance des effets à partir de leurs causes ou la connaissance des causes possibles à partir de leurs effets perçus, et cela grâce au raisonnement (DCO 1, 1, 2). Elle se distingue donc de la simple perception et de l'imagination, c'est-à-dire de l'expérience et des leçons de prudence que l'on en tire, qui sont déjà des formes de connaissance, mais qui sont le lot de tous les êtres vivants. Hobbes accorde beaucoup plus que ses contemporains aux autres animaux. S'ils sont bien des machines, comme chez Descartes, ce sont des machines sensibles, pensantes et intelligentes. La pensée n'est pas une faculté distincte du corps, mais une activité des corps organisés, qui se développe graduellement à partir de la sensation. La connaissance ne commence pas là où cesse la perception, mais avec elle. La sensation est l'origine de toutes les pensées, animales ou humaines ; elle est la représentation ou le « phantasme » d'un objet hors de soi, sans qu'une similitude puisse être présumée entre elle et ce qu'elle représente. Elle n'est pas seulement la matière à partir de laquelle la réflexion peut se faire, elle est l'élément dont sont composées toutes nos conceptions. Autrement dit, il n'y a aucune idée abstraite dans l'esprit. Toute idée est sensible. Elle peut l'être selon trois modalités distinctes. Dans la perception, elle est la représentation de l'objet présent. Dans la mémoire, ou « imagination simple », elle est la rétention d'une sensation antérieure. Dans l'imagination proprement dite ou « composée », elle est une combinaison originale de parties perçues.

L'expérience est un flux de sensations et de souvenirs éprouvé par un être vivant. Cela signifie que toute sensation se trouve, de fait, associée à d'autres qui la précèdent ou lui succèdent. C'est la raison pour laquelle une pensée quelconque rappellera dans son sillage une autre parmi celles auxquelles elle s'est trouvée un jour associée dans la perception actuelle. Pas de sensation sans imagination, et pas d'imagination sans enchaînement ininterrompu des pensées. On retrouve, ici, l'importance principielle du mouvement dans la philosophie de Hobbes, appliqué à la vie mentale. Les conceptions se suivent en vertu de liens et les consécutions de pensées ne sont donc jamais totalement fortuites. Dans la plupart des cas, ces enchaînements sont cependant à la fois déterminés par l'expérience passée et orientés par un désir intérieur. Le désir de préservation, par exemple, conduira à associer à l'image du feu le souvenir de la brûlure plutôt que les paroles entendues autour du foyer. Cet enchaînement des pensées est dit « réglé » (L, 23) par un appétit et il constitue une première saisie de la causalité, appelée « sagacité ». On ne saurait cependant, à ce stade, parler d'une connaissance certaine des liens de causalité : fondée sur la seule expérience, l'anticipation des effets possibles d'une action reste conjecturale. Certes, plus on a d'expérience, meilleures sont les présomptions. Mais la prudence n'est pas la science, elle s'enrichit subjectivement de signes, toujours incertains, sans connaître les véritables liens de causalité.

La sagacité, la prudence, la compréhension même sont communes aux hommes et aux autres animaux. Ce sont des facultés naturelles qui éclairent et accompagnent toute vie animée. Mais elles restent étrangères à la vérité, au langage et à la raison. Et elles n'anticipent donc aucunement la philosophie, qui ordonne l'enchaînement des pensées de manière raisonnée.

Le raisonnement fait l'objet d'une étude spécifique, la logique. Il consiste essentiellement à tirer des consécutions à partir de la connexion de ce qui est préalablement connu. Partant, cela revient à effectuer un calcul – une *computatio* – des choses conçues dans l'esprit, c'est-à-dire leur addition ou leur soustraction (L, 37 ; DCO, 1, 1, 2), opérations dont Hobbes précise qu'elles ne s'appliquent pas seulement aux nombres mais à toutes sortes de phénomènes ou de propriétés : grandeurs, corps, qualités, actions, mouvements, temps, noms et pensées elles-mêmes. L'objet immédiat de cette computation, ce sont les choses représentées dans l'esprit, de telle sorte qu'il est possible, en théorie, de construire un raisonnement intérieur sans l'aide des mots (DCO, 1, 1, 3). Ainsi, un homme peut bien, sans recourir au langage, comparer un triangle particulier à deux angles droits dessinés sous ses yeux, et parvenir à la conclusion que la somme des angles de ce triangle est égale à la somme des deux angles droits. Aussi longtemps que l'on raisonne sur des choses individuelles (L, 39), il est possible de calculer sans mots. Mais on ne saurait aller au-delà des cas particuliers. Et si un nouveau triangle venait à être présenté au même observateur, il lui faudrait recommencer sa comparaison. Raisonner hors de la formalité du discours verbal fait donc apparaître des limites très restrictives. Le langage démultiplie les possibilités logiques d'abord en substituant les mots à l'expérience, ensuite en permettant de résumer plusieurs idées en un seul vocable, enfin en introduisant des catégories universelles. S'il est possible,

à ce stade, de caractériser le raisonnement comme calcul
sur les consécutions de noms, il est nécessaire d'étudier
préalablement le langage avant de pouvoir justifier
l'existence de deux méthodes symétriques – l'addition et
la soustraction – et leur sens respectif.

Le langage

On le voit, le langage apparaît d'abord en soutien
au raisonnement. Encore faut-il ici distinguer les deux
types d'assistance que le langage permet. Dans la mesure
où les mots nous aident à rappeler certaines idées, ils
font d'abord office de marques. C'est, pour Hobbes,
la première fonction du langage, et c'est une fonction
originellement privée et personnelle. Le langage, en ce
sens, prend sa source dans le besoin individuel de noter
l'expérience pour mieux la dominer. Disposer du mot
« arbre » afin de susciter l'idée d'arbre n'est pas très
différent du fait de déposer une pierre pour se remémorer
un emplacement. Les marques sont donc « des choses
sensibles disposées de telle sorte par notre volonté que,
en les percevant, peuvent être rappelées à l'esprit des
pensées semblables à celles au nom de quoi elles sont
disposées » (DCO, 1, 2, 1).

Mais cela ne suffit pas à faire de ces marques des
mots proprement dits. Leur caractère strictement privé
les en empêche. Et le développement de la philosophie,
confiné aux efforts isolés de chaque individu, resterait
limité. Il faut donc que ces marques privées deviennent
des signes communs et que les pensées des uns puissent
être communiquées aux autres : « la différence entre les
marques et les signes, c'est donc que nous produisons les
premières pour notre propre usage, et les seconds pour
l'usage des autres » (DCO, 1, 2, 2). Mais le passage de

la marque au signe produit un autre changement. Les marques sont des choses sensibles singulières, qui n'ont pas à être homogènes, ni ordonnées entre elles. Or s'il doit y avoir un accord sur le sens des mots, le « commun consentement de ceux qui parlent la même langue » (DCI, 379), il faut que les individus puissent se régler les uns sur les autres, par le discours ; autrement dit, l'accord sur le sens des mots est lui-même langagier. Les mots doivent donc s'expliciter les uns par les autres et s'ordonner dans des propositions. La fonction de communication du langage introduit ainsi l'ordre logique. À la différence des marques, les signes linguistiques forment un système où les mots sont définis par d'autres mots.

Le conventionnalisme linguistique de Hobbes compare le consentement sur le sens des mots à un contrat, « une sorte de pacte nécessaire à la société humaine ». Mais, moins encore que le pacte fondateur de l'État, celui qui institue une langue n'a de réalité historique. Il s'agit plutôt d'une régulation permanente et mutuelle entre les locuteurs. L'existence d'une régulation est décisive puisqu'elle ouvre la possibilité de concevoir l'idée d'une définition correcte des différents vocables. En effet, dans la mesure où la signification d'un mot est déterminée par sa relation à d'autres mots, et cela de manière structurée et systématisée, il n'y a plus que l'usage commun qui puisse offrir un critère de rectitude. De ce point de vue, Hobbes est à l'opposé de philosophes qui, comme Descartes, prétendent s'écarter de l'usage ordinaire, jugé confus, pour redéfinir les mots plus rigoureusement à partir de leur essence, découverte par la raison. Hobbes voit dans ce mauvais réflexe de philosophe à la fois une illusion métaphysique et une stratégie motivée par le désir de domination.

Illusion métaphysique, tout d'abord, puisque les mots signifient non l'essence des choses mais les fantasmes, sensibles et particuliers, que ces choses produisent dans l'esprit. Appétit de domination, ensuite, parce que l'obscurité des définitions professées par les métaphysiciens de tous bords tend à les faire passer pour profonds et plus savants que les autres et vise finalement à les constituer en autorités intellectuelles, morales et politiques sur les particuliers.

Revenir à l'usage commun, c'est donc échapper au jargon et aux absurdités de la vaine philosophie. Mais cela ne consiste pas à revenir à un bon sens préphilosophique, ni à légitimer tous les usages en cours dans une société de locuteurs. La théorie de l'usage réglé des mots est indissociable d'une critique des abus de langage, et les mauvais philosophes n'en ont pas le monopole (L, 29). L'emploi métaphorique des termes est, par exemple, largement répandu, mais il est incorrect. Il représente un écart avec un autre sens, littéral et premier, qui doit seul être retenu. Par usage réglé, il faut donc comprendre exclusivement l'ensemble des significations régulières et ordonnées, qui sont le fond logique de toute langue, le système normatif des significations propres, celles que Hobbes recherche en toutes occasions. Les hommes peuvent bien parfois employer les mots de manière flottante, subjective ou figurée, rien de tout cela ne saurait appartenir à l'usage ordonné du discours.

Il reste que dans l'ensemble, les hommes communiquent entre eux parce qu'ils sont à l'évidence capables de participer à la logique discursive. Pour cette raison, ils possèdent une certaine force de résistance face aux ressorts de la rhétorique ou de la vaine philosophie. Hobbes n'est ni méprisant, ni condescendant à l'égard de l'homme ordinaire, qui ne lui paraît pas si crédule. Si on le trompe, ce n'est pas aisément. Hobbes défend cette conviction avec d'autant plus d'ardeur qu'elle est requise politiquement. Le gouvernement des hommes n'est rien, en effet, s'il n'est pas l'œuvre rationnelle des citoyens. Il faudra le répéter : chez Hobbes, l'obéissance n'est jamais la soumission aveugle ou contrainte ; elle suppose au contraire une adhésion conditionnée par l'intelligibilité de l'ordre politique. Le vulgaire n'est pas un incapable (L, 360).

En ce sens, la rationalité qui s'exprime chez le locuteur le plus ordinaire prépare celle qui est requise par sa vie de citoyen : « le commun des mortels dit rarement des choses qui n'ont aucun sens » (L, 77). Les métaphysiciens le savent bien, eux qui préfèrent écrire en latin que dans les langues vernaculaires, où leurs absurdités impressionneraient moins. Traduire en langue moderne le propos des philosophes est d'ailleurs un bon test, selon Hobbes, pour déterminer s'il possède bien quelque sens. En toute cohérence, Hobbes s'illustre en partant de la signification propre que les mots ont dans les langues d'usage, qu'il s'agisse de l'anglais du XVIIe siècle, du latin romain ou du grec ancien : « juste », « corps », « libre », « Église », « loi », « personne », sont ainsi redéfinis en deçà des reconstructions retorses des vains philosophes. Pour cette raison, il subira lui-même la critique qu'il adresse à ses adversaires et certains, comme Edward Hyde, John Wallis ou John Bramhall, lui reprocheront de modifier arbitrairement le sens des mots en fonction des conclusions auxquelles il voudrait parvenir. Mais c'est sans doute faire peu de cas de sa volonté de régler le sens des mots sur l'usage commun.

Il faut pourtant se garder d'une erreur possible. Si raisonner consiste à savoir ordonner correctement les mots au sein du discours verbal, cela ne signifie pas que la vérité soit réduite à son seul aspect formel et à la pure cohérence logique ou linguistique. Certes, Hobbes ne définit jamais la vérité comme accord de l'esprit avec le réel. Mais la vérité des propositions discursives n'est pas sans relation avec le monde extérieur. Car les mots n'ont pas seulement une signification, à savoir un fantasme ou une représentation mentale, beaucoup sont aussi les noms de certaines choses. Ce n'est bien sûr pas toujours le cas : le mot « rien » a une signification claire, mais ne dénote rien. Pour Hobbes, cependant, ce type de mots ne présentent pas une absence de dénotation, mais une dénotation fictive : l'esprit feint alors d'admettre un *denominatum* (DCO, 1, 2, 6). Le mot est alors inventé par négation d'une expérience donnée. La structure sémantique de base est donc triangulaire. Le pouvoir suggestif des mots n'est possible que parce que certaines pensées ont été préalablement produites par des choses hors de nous. L'expérience est la première cause des conceptions. Le langage, formellement ordonné par l'usage commun, ne peut que resusciter des conceptions déjà empiriquement produites et conservées dans la mémoire. Le mot « arbre » cause le rappel de l'image d'un arbre, produite une première fois par la perception d'un arbre réel. L'ordre du discours renvoie ainsi à l'expérience du monde, à l'expérience commune des choses naturelles et sociales.

Dans la plupart des cas, le sens des mots est donc fixé par l'usage commun et réglé. Mais la régulation mutuelle entre locuteurs au sein d'une société n'est pas une mécanique parfaite. Des désaccords peuvent survenir sur l'application légitime d'un mot et donc sur sa signification propre. Le dissensus peut être anecdotique, mais peut aussi, de proche en proche, introduire un désordre public et créer des conflits. Le différend sémantique devient alors une affaire politique et requiert, comme telle, un arbitrage de la part de l'autorité civile : « s'il naît une controverse au sujet de la signification exacte et propre de noms et de termes qui sont d'usage commun, c'est-à-dire au sujet de définitions, au point qu'il est nécessaire à la paix de l'État ou à la distribution du droit qu'elle soit tranchée, il appartiendra à l'État de la trancher » (DCI, 348). Un nouveau-né difforme est-il ou non un être « humain » ? Ce n'est ni aux particuliers, en désaccord, ni à Aristote qu'il revient de fixer le sens correct du mot, ce ne peut donc être qu'au souverain. L'intervention du politique n'est légitime, cependant, que là où la science n'apporte pas de réponse qui fasse consensus. Elle ne concurrence pas la philosophie dans son domaine de compétence et de réussite ; l'autorité fait fonction de vérité partout où celle-ci soulève des débats si vifs qu'ils menacent la paix.

Mais l'autorité politique ne se mêle pas seulement des définitions lorsqu'elles sont contestées. Dans ce cas, c'est seulement par défaut qu'elle arbitre. Il est en revanche d'autres cas où c'est de plein droit, et même de droit exclusif, qu'elle détermine la signification des mots, à savoir pour toutes les catégories juridiques. Un « homicide » est le fait de tuer un homme. Mais tout homicide n'est pas un « meurtre » pour autant et seul l'État est habilité à définir ce qui fait un meurtre. Il en est de même des termes d'« adultère », de « vol » et des autres actes contraires ou conformes à la loi (DCI, 180).

À chaque fois, la définition générale inclut un renvoi à la loi pour déterminer l'usage correct, donc la signification complète, de ces vocables.

Les noms étant correctement définis, la logique s'occupent de les classer, de les hiérarchiser et d'étudier leurs connexions réciproques. Adoptant une tradition nominaliste et s'inspirant plus particulièrement de la *Summa logicæ* (1323) de Guillaume d'Ockham, Hobbes distingue les noms positifs et négatifs, les noms mutuellement contradictoires, les noms communs et propres, les noms de première ou de seconde intention, c'est-à-dire les noms de choses et les noms qui qualifient d'autres mots, les noms définis et indéfinis, les noms univoques et équivoques, absolus et relatifs et, enfin, simples et composés. Si Hobbes ne prétend à aucune originalité dans cette phase de l'exposé logique, il l'utilise dans deux finalités principales. Tout d'abord de manière prophylactique, pour prévenir et finalement critiquer la métaphysique, qui confond les noms et les choses. Une analyse de la logique du discours permet d'éviter de multiples erreurs, typiquement aristotéliciennes, telles que celles qui soutiennent l'existence réelle d'universaux, dans le monde physique ou dans le monde psychique, alors qu'« universel » n'est qu'un nom de noms, ou de seconde intention. Ensuite, Hobbes s'emploie à montrer en quoi la logique du discours ne redouble pas simplement la grammaire. Celle-ci règle de manière idiomatique les relations entre les mots. La logique dévoile les rapports rationnels plus profonds qui existent entre les noms. Les mots ne sont pas les noms. Du point de vue de la grammaire, « quelques hommes » est composé de deux mots et « homme » est un mot simple. Du point de vue de la logique, c'est l'inverse : « quelques hommes » forme un seul nom, un élément logique unique, et « homme » est un nom composé, équivalent à « corps vivant rationnel ». L'ordre logique et sémantique n'est pas l'ordre lexical (DCO, 1, 2, 14).

Le nom, à lui seul, n'est ni vrai ni faux ; mais, s'inscrivant au sein d'un système sémantique, il appelle le passage à la proposition, qui lie un nom à un autre par le biais de la copule, le verbe « être ». L'être n'en reçoit aucune reconnaissance métaphysique : bien au contraire, le verbe être n'est que l'artifice langagier dont dispose certaines langues pour réaliser la relation propositionnelle ; d'autres langues s'en dispensent fort bien (DCO, 1, 3, 2). L'analyse logique doit donc se concentrer sur la relation internominale. Une proposition se définit par sa finalité : la compréhension. Elle consiste, en reliant deux noms, à signifier que l'on conçoit le *nominatum* du sujet et le *nominatum* du prédicat comme identiques. Par « l'homme est un être vivant », j'entends que tout homme peut recevoir à la fois le nom « homme » et le nom « être vivant ». Au niveau de la proposition, cela se traduit par le fait que le prédicat inclut le sujet. Il y a une identité du *nominatum*, mais seulement une inclusion d'un nom dans un autre. Tout ce qui est dénommé par « homme » est inclus dans ce qui est dénommé par « être vivant », sans la réciproque évidemment. Une proposition est donc vraie lorsqu'elle remplit cette condition d'identité du *nominatum* et d'inclusion du sujet dans le prédicat. Elle est fausse dans le cas contraire, et si je conçois une identité du *nominatum* qui n'existe pas, je suis dit me tromper. Dans la logique de Hobbes, par conséquent, la vérité n'existe que dans la proposition, c'est-à-dire ni dans la réalité, ni dans le discours mental, ni dans la relation entre une proposition et le réel. Elle est interne au discours. En ce sens, Hobbes peut soutenir que les vérités sont des inventions produites arbitrairement en même temps que les conventions langagières (DCO, 1, 3, 8 ; DCI, 379).

Après le nom et la proposition, la troisième et dernière étape de la logique est constituée par la mise en relation des propositions entre elles dans le raisonnement. C'est là l'aboutissement du discours, son accomplissement dans l'exercice de la raison et l'inauguration de la philosophie. Une proposition isolée affirme quelque chose. Elle relève du constat factuel et dit ce qui est. Un enchaînement de propositions établit par consécution des rapports de causalité. Il forme un raisonnement qui va au-delà du relevé empirique. Pour cette raison, il nécessite une méthode, que l'on a déjà décrite comme un calcul. Il convient maintenant d'expliquer quelles sont les deux voies de la computation, l'addition et la soustraction (DCO, 1, 6, 1).

Le raisonnement scientifique

Pour comprendre qu'il existe deux manières de raisonner, il faut considérer la relation entre un tout et ses parties. On y anticipe les rapports de composition et de résolution. Le raisonnement qui cherche à déterminer les rapports de causalité suivra donc une méthode compositive ou résolutive. Qu'en est-il ? Il est manifeste que la cause d'un tout est la somme des causes de chacune de ses parties et par conséquent que la connaissance de la première est consécutive à la connaissance des dernières. Cela est évident en géométrie où un théorème est connu par ses raisons prochaines, elles-mêmes connues par des raisons plus lointaines et, finalement, par des principes premiers. Il faut admettre, au moins dans une première approche, que la science est tout entière compositive ou synthétique, ou encore démonstrative. Elle part de principes premiers qui engendrent une chaîne de consécutions nécessaires jusqu'à expliquer les phénomènes particuliers.

Si l'on s'en tenait là, le raisonnement ne connaîtrait qu'une seule méthode. Pourquoi n'est-ce finalement pas le cas ? Parce que toute notre connaissance commence avec les sens et que ce qui est premier selon l'ordre des raisons n'est pas premier selon l'ordre de la recherche. Il nous faut donc partir de l'expérience pour parvenir aux principes premiers, et pour cela, une autre forme de raisonnement est requise. L'*inventio* précède la *demonstratio* (DCO 1, 6, 3-11 et 1, 6, 12-19). La découverte méthodique des premières causes suit un chemin inverse à celui de la démonstration. Elle est résolutive et analytique.

La pointe de la difficulté est atteinte ici : l'expérience, qui est notre point de départ, ne nous présente que des faits, or, l'analyse empirique d'un fait perçu aboutit à d'autres faits perçus, pas à des rapports de causation qui en expliquerait la nature. L'*inventio* devra donc marier l'analyse, à laquelle nous contraint l'expérience, et le raisonnement, seul capable d'établir des consécutions. Elle sera une analyse rationnelle ou un raisonnement analytique, ce qui est à la limite du paradoxe. Comment peut-elle s'y prendre ? En partant une nouvelle fois de l'ordre du discours. Il nous permet en effet d'appréhender les relations causales. Un carré nous étant donné, il nous est possible de le résoudre, non pas en ses parties physiques, mais en ses accidents : ligne, brisée, fermée, à-quatre-angles-droits, à-côtés-égaux. Ces dénominations sont plus universelles que celle de carré ; il est alors possible de remonter encore à des degrés plus élevés de généralité, par exemple aux catégories d'« égalité », d'« angle », de « nombre ». Ou bien, partant de l'« or », l'analyser en « solide », « visible », « lourd », « brillant », etc. L'*inventio* permet de remonter des choses les plus singulières aux causes les plus universelles et finalement de livrer à la science ses principes. La science comporte finalement deux parties, l'*inventio* qui est analytique, et la *demonstratio* qui est synthétique (DCO, 1, 6, 7).

Étant donné sa forme finale entièrement synthétique, la science apparaît posséder une grande unité systématique. Les premiers principes de la philosophie seront donc des définitions à partir desquelles on tâchera de déduire d'autres définitions par génération. À partir des définitions descriptives de « corps », d'« espace » et de « mouvement », on peut ainsi définir la « ligne » comme tracé d'un corps mû, sans considération de son épaisseur. Les définitions génératives vont d'abord donner lieu à la géométrie comme science du mouvement. Elle se prolonge avec l'étude des effets du mouvement d'un corps sur un autre et celle de la sensation physique, c'est-à-dire à la fois le mécanisme de la sensation subjective et les qualités sensibles dans l'objet. La physique succède à ainsi la géométrie de telle sorte qu'il est inenvisageable de connaître les causes des mouvements particuliers sans connaître antérieurement la cause du mouvement en général. L'anthropologie succède à la physique ; elle étudie en effet les mouvements particuliers de l'esprit – l'appétit, l'aversion et toutes les passions – et pose les fondements de la philosophie civile, puisque l'étude de l'homme et de ses passions sont les principes à partir desquels on peut déduire les droits naturels et les lois naturelles, et en conséquence la nécessité et les termes du pacte établissant l'État ainsi que les droits et les devoirs des citoyens (DCO 1, 6, 6-7).

Si la méthode démonstrative garantit l'unité formelle de la science, la disparité des objets d'étude provoque, elle, une hétérogénéité épistémologique significative. Le raisonnement cherche à établir les relations de causation, c'est-à-dire soit à déterminer les effets de certaines causes connues, soit au contraire à identifier les causes de certains effets constatés. La première démarche est celle de la *demonstratio*, la seconde celle de l'*inventio*. Pour que la démonstration soit correctement fondée, il est donc nécessaire que la phase analytique de découverte parvienne progressivement et avec certitude aux causes premières. Or la situation n'est pas la même selon que l'on étudie un objet géométrique et un phénomène physique. Dans le premier cas, l'analyse conduit jusqu'aux définitions génératives, celles qui rendent compte de la génération de l'objet même, son tracé à la règle et au compas ; il est alors possible de connaître les propriétés d'un objet géométrique parce qu'on l'a soi-même construit ou reconstruit rationnellement. Lorsqu'on trace un cercle avec un compas, on est en mesure de déduire un certain nombre de propriétés de cet objet à partir de sa construction, par exemple, l'égale distance entre le centre et chaque point de la circonférence (DCO, 1, 1, 5). Et si un cercle nous est présenté déjà dessiné par un autre, et peut-être de tout autre manière, on peut tout aussi bien le concevoir théoriquement comme le résultat du tracé au compas et en déduire les mêmes propriétés. La géométrie jouit d'un statut privilégié chez Hobbes dans la mesure où toutes les figures sont des constructions rationnelles. Chacun peut en être la cause entière, au moins par reconstitution mentale. Aussi l'effet est-il parfaitement connu.

La physique se trouve dans une situation bien moins favorable, dans la mesure où l'homme est observateur d'effets dont il n'est pas, ou pas intégralement, la cause et où, surtout, il n'est pas assuré de reconstituer le véritable enchaînement causal. Seul Dieu, cause première et auteur de la nature, peut avoir une science certaine des phénomènes naturels et de leurs connexions nécessaires. Mais pourquoi ne parviendrait-on pas à remonter jusqu'aux principes premiers de la nature ? Dans l'étude de la nature, l'*inventio* des causes reste hypothétique parce que les effets ne se présentent pas à nous tels qu'en eux-mêmes et dans leur intégralité, mais seulement comme phénomènes partiels : une grande partie des choses naturelles sont en effet invisibles (DH, 381). Ce que nous observons et prenons pour point de départ, c'est donc un simple phénomène et non l'effet entier. Dès lors, nous ne pouvons découvrir que des causes possibles à ces phénomènes.

Cela ne signifie pas que la physique soit rejetée hors du champ de la science. Elle est la science des mouvements des corps. Reconstituer une causation possible suppose déjà un raisonnement sur l'enchaînement de mouvements abstraits, c'est-à-dire un raisonnement d'ordre géométrique, puis apprécier dans ce cadre la plausibilité d'un processus en particulier. La philosophie naturelle prend appui sur la géométrie et reste formellement conditionnée par elle, tout en prenant en compte des propriétés concrètes. Elle est ainsi une « mathématique mixte », impure et hypothétique (DH, 381). Mais elle conserve un titre scientifique dans la mesure où elle reconstruit, par raisonnement, des consécutions possibles.

Une première classification des sciences conduit ainsi Hobbes à distinguer la philosophie naturelle, étendue à l'anthropologie, non seulement de la géométrie, mais aussi de la doctrine civile. L'État, ainsi que les lois et la justice qui en dépendent, est en effet une œuvre humaine, fondée sur des pactes. L'homme en est l'auteur et la cause entière ; il doit être capable d'en comprendre toutes les conséquences nécessaires. Ainsi, au contraire de bien de ses contemporains, Hobbes range la philosophie politique parmi les sciences démonstratives, aux côtés de la géométrie, mais à distance de la philosophie naturelle (DH, 381 ; SL, 183).

Cette distribution des sciences fait pourtant disparaître la systématicité ordonnée de la connaissance, en séparant notamment la géométrie de la physique. C'est pourquoi Hobbes lui préfère parfois une autre distribution, fondée sur la diversité des objets de connaissance. On assiste alors non pas à une réunification totale de la science, mais à une bipartition originale. Car si tous les objets sont des corps, il existe deux genres suprêmes de corps, les corps naturels et les corps civils, donnant lieu à la *summa divisio* de la philosophie en philosophie naturelle et philosophie civile (DCO, 1, 1, 9). La première inclut la philosophie première, les mathématiques puis toutes les branches de la physique, avec ses prolongements anthropologiques que sont la doctrine des passions, du langage, de la raison et même des lois naturelles (L, 80 ; DH, 381). La seconde se résume aux droits et aux devoirs des sujets et des souverains, à la question des lois et de la justice.

LA SCIENCE DE LA NATURE

Philosophie première et ontologie

La philosophie étudie les conséquences des accidents des corps. Elle a besoin de fondements dont l'étude est réservée à la *philosophia prima*. La question se pose de savoir si une telle philosophie première comprend une ontologie, une science de l'étant en tant qu'étant. La définition que Hobbes en donne nous en éloigne indiscutablement : « Il existe une *philosophia prima* dont toute autre philosophie devrait dépendre, et qui consiste principalement à délimiter correctement la signification des appellations ou noms qui sont de tous les plus universels » (L, 683 ; *cf.* DCO, 1, 6, 17). Parmi ces catégories, Hobbes cite le corps, le temps, l'espace, la matière, la forme, l'essence, le sujet, la substance, l'accident, etc. Il n'est pas question d'être ou d'étant. Du reste, la philosophie première cherche à établir des définitions par le langage et la raison, sans prétention ontologique. Son objet porte sur les attributions les plus universelles que nous pouvons opérer sur les objets de notre expérience et elle se restreint, en ce sens, à la connaissance des conséquences des accidents les plus généraux des corps, à savoir l'extension et le mouvement (L, 80). Ces accidents ne sont pas des propriétés des choses, mais des prédicats que nous leur attribuons. Ce qu'on a coutume d'appeler le nominalisme de Hobbes conduit, en première approche, à interdire la possibilité d'une ontologie.

Le corps et le matérialisme

Cette conclusion semble même étayée, en amont, par les analyses en apparence plus ontologisantes du *De Motu*. Dans cet ouvrage, en effet, la catégorie de l'étant figure en tête des universaux (DM, 105 ; 311) : « la première partie de la philosophie et le fondement de toutes les autres est la science qui démontre les théorèmes relatifs aux attributs de l'étant, et que l'on appelle *philosophia prima* ». L'illusion d'une ontologie paraît cependant vite dissipée par la distinction fondamentale opérée plus loin entre l'étant concevable, celui dont on peut avoir une image ou une idée, et l'étant inconcevable, celui pour qui cela est impossible, tel Dieu ou les anges (DM, 312). Les étants concevables se résument ainsi à ceux qui occupent un espace, c'est-à-dire aux corps. Mais l'affirmation selon laquelle « *étant* et *corps* sont une même chose » ne saurait alors valoir comme une thèse ontologique puisque seul l'étant concevable, déterminé par notre faculté de connaître, est concerné et peut l'être. Il y a là comme une pétition de principe fondée sur la réceptivité humaine. Il faut donc admettre qu'il existe des étants inconcevables, dont le mode d'être est indépendant de nous. Ils ne sont pas pour nous, mais Hobbes, ici, refuse d'exclure la possibilité qu'il puisse y avoir un autre sens de l'être que celui qui équivaut nécessairement, pour nous, à la corporéité. Cet autre sens s'appliquerait au premier chef à Dieu, dont la nature nous est incompréhensible. Nous pouvons certes inférer son existence en remontant la chaîne des causes (L, 102), mais à la manière d'un postulat nécessaire et sans avoir de connaissance positive de son être et, *a fortiori*, de sa nature. Tout comme l'aveugle-né qui se chauffe auprès du feu peut être assuré de l'existence de quelque chose que l'on appelle « feu », et qui est cause de la chaleur, mais qui ne peut se l'imaginer ou en avoir la moindre idée. De même façon, notre certitude par inférence de l'existence de Dieu est disjointe de la possibilité d'en avoir quelque idée. Nous pouvons savoir qu'il est, mais en un autre sens de l'être que celui de l'être-corporel, en un sens analogique.

Si telle était la position définitive de Hobbes, son matérialisme n'aurait qu'une portée critique, sans valeur ontologique. Mais l'évolution de Hobbes plaide pour une autre conclusion. Dans le *De Motu*, les étants inconcevables, ceux dont le mode d'être ne peut être envisagé que par analogie, sont assimilés aux « substances incorporelles », que seraient par exemple Dieu et les anges. Or, Hobbes est par la suite très clair sur le fait qu'une telle notion n'est pas admissible au regard de la raison, de quelque façon que ce soit, y compris de manière analogique (L, 34). Ni Dieu, ni les anges ne sont susceptibles d'entrer dans cette catégorie absurde et ils doivent donc être considérés comme des substances matérielles. Les concepts de substance, d'existence et d'étant deviennent alors strictement univoques. Le fait que l'étant concevable soit le seul objet de la philosophie ne correspond alors à aucune restriction. Il est le seul étant car il n'y a pas d'autre concept d'étant, absolument parlant, que celui de la corporéité. Dans le *Léviathan*, les anges sont des corps ténus, ou des visions du sommeil (L, 425). Surtout, Hobbes développe la thèse essentielle de la corporéité de Dieu (RB, 181 ; L, 772) qui complète et valide sans réserve l'équivalence entre *ens* et *corpus*. La thèse acquiert par là une portée ontologique qu'elle n'avait pas au départ.

Le raisonnement est bien une construction sémantique sur le monde, plutôt qu'un discours qui en dégagerait la véritable nature, et la copule « être » ne saurait recevoir de prétention ontologique, puisqu'elle n'est que l'opération qui permet de lier les noms entre eux. Il n'empêche que l'homme n'est pas absolument coupé du réel sur lequel il raisonne. Une ontologie minimale est possible, dont la première thèse est que tout est corps : « le monde [...] est corporel [...] ; en conséquence, chaque partie de l'univers est corps, et ce qui n'est pas corps n'est pas partie de l'univers, et parce que l'univers est tout, ce qui n'en fait pas partie n'est *rien* et par conséquent n'est *nulle part* » (L, 684).

L'espace imaginaire et l'espace réel

La philosophie première définit les noms les plus universels, à commencer par l'étant et le corps. Mais ces corps nous sont donnés uniquement par la sensation ; il convient donc de partir du fantasme que le corps produit en nous, pour en étudier les accidents principaux. L'hypothèse de l'annihilation du monde est une fiction qui permet de mettre entre parenthèses l'existence des choses pour ne considérer que la donnée immédiate de l'esprit, l'idée ou la sensation (EL, 82 ; DCO, 2, 7, 1). Que se passerait-il si le monde, hors l'observateur, était détruit ? Il conserverait la mémoire et l'imagination des corps, des extensions, des sons, des couleurs, et des autres qualités. Il serait capable de leur donner des noms et de les additionner ou de les soustraire, c'est-à-dire de raisonner. Mais tandis que Descartes utilise la fiction du rêve pour dégager la conscience hors du monde matériel, l'hypothèse annihilatoire inscrit au contraire d'autant plus intelligiblement l'homme au sein de ce monde. Car que révèle au fond cet artifice ? Les corps ne sont plus posés comme existants, mais comme apparaissant exister, c'est-à-dire comme phénomènes. Or la phénoménalité des corps se déploie selon la spatialité, et cela doublement. D'abord, le phénomène se manifeste selon une différenciation entre un intérieur et un extérieur : « même si ce ne sont que des idées et des fantasmes qui surviennent intérieurement à celui qui imagine, ils apparaîtront néanmoins comme extérieurs et aucunement comme dépendants du pouvoir de l'esprit ». Ensuite, tout fantasme du corps, en tant qu'il est conçu comme s'il existait hors de moi, s'accompagne de l'idée d'espace. L'espace est ainsi le fantasme du corps ; il n'en est pas une propriété puisqu'il s'agit d'une simple idée. Mais l'idée d'espace est la même chose que l'espace idéel. Hobbes l'appelle « espace imaginaire » dans la mesure où l'imagination est la faculté par laquelle les phénomènes nous apparaissent. Il est abstrait, formel et vide ; il forme le contenant à l'intérieur duquel les corps prennent place et se meuvent. C'est l'espace géométrique, qui n'a cependant aucune réalité physique. Hobbes attache une grande importance à la distinction entre l'espace imaginaire et l'espace réel. Cet espace réel n'est pas une dimension abstraite ou un cadre formel ; il est l'extension concrète des corps. En ce sens, les corps ne sont pas « dans » l'espace ; ils possèdent une certaine grandeur ou extension qu'ils transportent avec eux. À la différence de l'espace imaginaire, l'espace réel est donc forcément borné. Ces deux espaces hétérogènes concordent néanmoins dans le concept de « lieu ». On appellera en effet lieu la partie de l'espace imaginaire qui coïncide avec l'extension réelle d'un corps donné (DCO, 2, 8, 5). Le lieu est ainsi *extensio ficta*, alors que la grandeur est *extensio vera*.

Le mouvement et le mécanisme

La détermination corrélative du corps et de l'espace permet d'engendrer celle du mouvement, qui se définit comme « l'abandon continu d'un lieu et l'acquisition continue d'un autre lieu » (DCO, 2, 8, 10). Par cette définition, Hobbes opère dans un premier temps la réduction du mouvement au seul mouvement local, à l'exclusion des autres formes de changement telles que l'altération qualitative, l'accroissement ou la corruption, et rejette la définition aristotélicienne du mouvement comme « actualisation de ce qui est en puissance ». Un tel cadre conceptuel présuppose en effet l'existence préalable d'une puissance indépendante de son actualisation, d'une virtualité pure dépourvue d'effet qui ne se déploierait qu'en un second temps. Sans doute cohérente avec l'observation naturelle, la doctrine aristotélicienne ne tient cependant pas assez compte des limites de la perception et, dans le même temps, ne fait pas assez cas de la raison et de ses exigences. Nous ne voyons en effet pas tout. Ce qui apparaît phénoménalement comme un changement qualitatif, comme le passage du repos au mouvement ou comme l'altération d'un corps, doit en réalité pouvoir s'expliquer par un enchaînement de mouvements locaux parfois imperceptibles (DCO, 2, 9, 9). La raison se trouve donc mobilisée à la fois pour penser la finitude de l'expérience et pour la relayer dans l'élaboration d'une science de la nature par un modèle mécaniste intelligible.

Dans sa définition du mouvement, Hobbes insiste également sur sa continuité. Le mouvement est en effet irréductible à des positions successives, en ce sens que, en un tour ici assez bergsonien, un corps passe par un point A, mais ne peut jamais être dit se trouver en A. Un corps mu n'« occupe » donc aucun lieu. Le mouvement ne saurait donc dériver du repos, point crucial qui permet de dire que le mouvement est indérivable et donc premier.

Hobbes fait du mouvement l'autre accident universel des corps, à côté de la grandeur. Il est vrai qu'on ne saurait penser une connaissance qui ne soit pas une connaissance du mouvement et de ses causes. Il est, pour cette raison, pleinement universel. Cependant les deux accidents ne sont pas strictement de même niveau, car si l'on ne peut concevoir un corps sans extension, on peut très bien imaginer un corps au repos. L'inétendue n'existe pas, au contraire de l'immobilité. L'extension est donc un accident absolument commun à tous les corps, ce qui n'est pas le cas du mouvement.

Il est en revanche plus important de souligner qu'outre l'étendue et le mouvement, il n'y a pas d'autre accident universel et que tous les autres accidents s'expliquent par le mouvement. C'est la raison pour laquelle, finalement, celui-ci est plus fondamental que la simple étendue. Il est même « l'unique cause universelle » (DCO, 1, 6, 5) car les diverses figures naissent de la diversité des mouvements par lesquels elles sont construites. La variété des choses perçues par les sens est aussi le résultat des différents mouvements, aussi bien ceux de l'objet extérieur que ceux qui se produisent en nous. Bien entendu, cette explication a besoin d'être détaillée par le raisonnement et au cas par cas, mais elle est, avant même cela, tout à fait concevable ; la seule qui soit vraiment concevable, pour tout dire. À l'inverse, on ne peut se représenter d'autre cause du mouvement qu'un autre mouvement. Celui-ci est donc premier et principe des autres accidents. Plus même que le corps et son étendue, le mouvement figure ainsi comme le véritable fondement de la pensée de Hobbes ; il est la *res unica vera* (V, 142).

Les sciences sont toutes des connaissances des divers mouvements, selon leur variété et leur particularité : d'abord la géométrie, puis la physique qui étudie les mouvements des corps naturels, en distinguant au sein de la perception des objets les mouvements attribuables aux corps extérieurs et les mouvements intérieurs qui produisent la sensation, puis ces autres mouvements intérieurs que l'on appelle affectifs et qui rendent compte des facultés et des comportements humains dans toute leur complexité, y compris dans leurs développements moraux, juridiques et politiques.

Le mouvement est si fondamental que, si l'on peut bien concevoir un corps au repos, cette possibilité semble strictement théorique. Un corps est toujours contigu à d'autres corps et possède un mouvement qui lui a été transmis et auquel se sont ajoutés ou retranchés, au cours du temps, d'autres mouvements. Il est de la plus haute improbabilité que les divers mouvements qui aient affecté un corps s'annulent exactement. Tous les corps, au fond, sont en mouvement, quoique certains aient une vitesse si faible qu'elle rend leur mouvement imperceptible.

En outre, puisqu'un mouvement n'a pas d'autre cause qu'un mouvement, Hobbes conclut qu'un corps mû conserve indéfiniment son mouvement tant qu'un autre corps ne lui fait pas obstacle (DCO, 2, 8, 19 ; 3, 15, 1). Cette formulation ne doit pas tromper, car il s'agit en réalité d'un principe de conservation, et non du principe d'inertie, dont Hobbes rejette les termes dans lesquels il a été présenté, par Galilée et par Descartes. Ce point est significatif et permet de mieux caractériser la physique hobbesienne. Descartes et Galilée s'étaient débarrassés du concept scolastique de puissance et plus généralement de la dynamique aristotélicienne au profit d'une conception purement cinématique du mouvement. Cette position leur posait cependant de sérieux problèmes pour penser la situation d'un mobile passant par un point A : est-il en mouvement ou au repos en cet instant précis ? En mouvement, le mobile dépasserait le point A. Au repos, on ne comprendrait plus comment il se remettrait en mouvement au-delà. Descartes en était donc venu à distinguer le mouvement proprement dit et « l'inclination à se mouvoir » (*Dioptrique*) : cette inclination, l'inertie, rendait compte du mouvement continué au-delà du point considéré.

Cette façon de réintroduire une dynamique au sein de la cinématique ne convient pas à Hobbes, qui refuse à Descartes cette distinction entre mouvement et inclination au mouvement (SL, 340). Il faut certes pouvoir répondre à la question de ce que devient le mobile passant par un point donné. Mais aussi petit que soit l'espace de déplacement d'un mobile, fût-il imperceptible, fût-il même, par abstraction, réduit à la dimension d'un point, on ne peut concevoir autre chose que du mouvement. Hobbes appelle *conatus* ce mouvement minimal, « ponctuel » et infrasensible. Parce qu'il est un mouvement et non pas simplement une tendance à se mouvoir, il possède une quantité et il peut être mesuré. Et de même que tout mouvement est déterminé par une vitesse, le *conatus* se trouve déterminé par un *impetus*. Le *conatus* et l'*impetus* sont bien sûr incommensurables avec le mouvement et la vitesse globaux dont ils sont des parties infimes : le point ne se compare pas à la ligne. Mais un *conatus* peut se mesurer à un autre *conatus*, un *impetus* à un autre *impetus*. Ils entrent ainsi pleinement dans le champ de la science. La théorie du *conatus* et de l'*impetus* permet à Hobbes de généraliser l'explication mécaniste par le mouvement sans faire le postulat coûteux d'une force inhérente à la matière. Mais il faut aller encore plus loin. Car ce faisant Hobbes ne propose rien de moins qu'une autre conception de la force. Dans la mesure paradoxale où le *conatus* est un mouvement ponctuel, il est en effet une abstraction. Il rend compte non seulement du mouvement qui se trouve en deçà du seuil de perception, mais aussi du mouvement en tant qu'on peut le considérer comme resserré en un point, par abstraction. Or, qu'est-ce que ce mouvement ainsi conçu sinon une force, ou ce qui dans le mouvement en constitue la force effective et productive (par exemple à l'instant du contact avec un autre corps)? Le mécanisme hobbesien, par sa généralisation, aboutit donc à l'intégration du concept de force, mais d'une force qui n'est pas distincte du mouvement, d'une force qui est à la fois effective et quantifiable, et donc mesurable.

La cause et le nécessitarisme

L'étude du mouvement révèle finalement la force productive de celui-ci, ce qui confirme sa priorité absolue et son asymétrie totale avec son opposé, le repos, qui ne produit rien ni ne saurait être cause de quoi que ce soit. Du mouvement, l'accent se reporte alors naturellement sur la causation. Cette transition explique que Hobbes admette comme synonymes puissance et cause, acte et effet (DCO, 2, 10, 1). Or, pour comprendre la théorie de la causalité, il faut revenir à la notion d'accident et à la conception éminemment nominaliste que Hobbes en a. Si les corps possèdent deux accidents universels, l'extension et le mouvement, tous les autres sont en revanche reconductibles à des attributions que nous pratiquons au sujet des corps, de par l'expérience que nous en avons. Dans ce cadre-là, que signifie qu'un corps agit sur un autre corps ? On ne saurait *concevoir* autre chose qu'un mouvement à l'occasion duquel certains accidents du premier, unis à certains accidents du second, ont pour effet de produire de nouveaux accidents en celui-ci.

Il convient donc dès l'abord de distinguer la cause de l'agent. Lorsqu'un corps agit sur un autre et produit, détruit ou modifie quelques-uns de ses accidents, il est un *agent* et le corps qui subit ces modifications est un *patient*. La qualité d'agent reste éminemment générale : elle permet d'imputer une action à un corps singulier, pris dans sa totalité et sans détermination plus précise du processus de causation. Or l'action de l'agent sur le patient ne se produit que parce qu'il existe certains accidents, en l'un comme en l'autre, qui engendrent conjointement un tel effet. La *cause* n'est donc pas l'agent, ni même certains accidents de cet agent, mais l'ensemble des accidents, tant dans l'agent que dans le patient, dont la réunion produit l'effet constaté. Il y a donc une dissymétrie entre la cause et l'effet puisque la cause rassemble des accidents des deux corps en présence, tandis que l'effet désigne les accident modifiés du seul patient (DCO, 2, 9, 3).

Deux conséquences se déduisent de cette conception de la causalité. La première est que la cause et l'effet sont rigoureusement simultanés, même s'ils désignent des accidents qui existent respectivement avant et après l'action. Tant que les accidents concernés de l'agent et du patient ne sont pas réunis, ils ne forment pas encore une cause. Ils deviennent cause au moment de leur réunion, réunion qui produit instantanément l'effet déterminé. La seconde conséquence est que la cause est d'emblée conçue comme nécessaire, c'est-à-dire comme produisant nécessairement son effet. Le mécanisme aboutit à un nécessitarisme strict.

Il faut faire remarquer que la théorie de la causalité développée par Hobbes conserve un vocabulaire aristotélicien et scolastique. Mais le cadre matérialiste et mécaniste dans lequel il intègre ce lexique le conduit à en modifier systématiquement la signification. Ainsi reprend-il la distinction des quatre causes, efficiente, matérielle, formelle et finale. Mais c'est immédiatement pour préciser que la cause efficiente désigne les accidents de l'agent, la cause matérielle ceux du patient, et que la cause formelle et la cause finale ne sont que des espèces de causes efficientes, dans l'ordre de la connaissance ou dans l'ordre de la volonté (DCO, 2, 10, 7). De la même façon, Hobbes emploie les concepts en usage de cause partielle et de cause entière, mais il les redéfinit profondément. La cause partielle désigne un ensemble d'accidents requis mais non suffisants pour produire un effet escompté, alors que la cause entière, *causa integra*, inclut la totalité des accidents nécessaires à cet effet. La cause entière est donc à la fois cause suffisante et cause nécessaire.

En tant qu'effet, chaque phénomène a une cause entière déterminée, qui résulte du concours de plusieurs causes partielles ; ces causes partielles s'inscrivent dans des séries causales entrelacées, de sorte que la cause entière d'un phénomène donné ne dépend pas d'une seule chaîne ou concaténation de causes, mais de plusieurs chaînes imbriquées. Ces séries croisées ne se rejoignent toutes qu'en leur origine dans la cause première, Dieu (QL, 137). Le statut de *prima causa* est accordé à Dieu par raisonnement inductif (L, 102) ; en ce sens, l'existence de Dieu est imposée par le raisonnement, mais elle n'est pas découverte positivement. Elle reste une supposition nécessaire. La clarté des concepts hobbesiens interdit en revanche de qualifier Dieu de « cause de soi ». La moindre des raisons est que si nous sommes aptes à conclure à l'existence de Dieu, nous ne sommes pas capables d'en connaître la nature. Mais surtout le concept de « cause de soi » n'a strictement aucun sens : la cause n'est pas un corps, mais un ensemble d'accidents dans l'agent et dans le patient. En l'espèce, l'agent et le patient étant identiques, les accidents le seraient également et aucune causation ne pourrait en résulter.

Qu'en est-il de l'homme ? Il convient de distinguer trois événements possibles. La prise de décision se fait au terme d'une délibération qui voit se succéder des tendances opposées, une alternance d'espoirs et de craintes envisagés tour à tour : la résolution finale, ce qu'il convient d'appeler la volonté, est ainsi cause de l'acte. Mais il ne s'agit que d'une cause partielle : le dernier appétit est semblable à la dernière plume qui vient s'ajouter à toutes les autres sur le dos de l'âne et le fait flancher (QL, 307). C'est la somme des intentions contraires qui constitue donc la cause entière. Le deuxième niveau concerne, lui, les effets que l'homme produit dans le monde. Lorsqu'il construit une machine, telle qu'une horloge, l'homme se contente en réalité de transformer, selon la volonté, un ordre matériel qui obéit à des lois physiques inaltérables. L'explication intégrale de l'horloge ne peut donc pas se contenter de renvoyer à l'agent humain qui introduit une cause efficiente nouvelle ; elle doit aussi prendre en compte les séries causales indépendantes de lui. Dans tout ce qui relève de la technique, l'homme n'est le vecteur que de causes partielles. Est-ce à dire que l'homme n'est jamais cause entière de quoi que ce soit ? Il faudrait pour ce faire que la volonté produise à elle seule un effet qui lui doive tout. Une volonté individuelle est incapable d'une telle causation, qui serait proprement un miracle, mais l'accord entre deux ou plusieurs volontés fait précisément cela : un pacte qui soit entièrement dû aux volontés humaines. Alors seulement, la volonté des hommes peut valoir comme cause entière. L'analyse de la causalité permet finalement de discerner les deux voies de la science hobbesienne, la philosophie naturelle et la philosophie politique.

La perception

L'étude de l'homme commence par l'étude de ses fonctions naturelles, qu'il a en commun avec les autres animaux. Celles-ci se distinguent d'abord en mouvement vital et mouvement animal. Le premier comprend les mouvements qui n'impliquent pas l'imagination : circulation du sang, respiration, digestion, excrétion. Le second désigne l'ensemble des mouvements qui trouvent une source dans l'imagination : locomotion, action et parole (L, 46). Dans tous les cas, le corps vivant est compris comme une machine naturelle obéissant aux lois physiques. Les facultés cognitives qui forment le préalable des mouvements animaux ne renvoient pas à un autre ordre que celui de la matière vivante ; l'esprit n'est pas distinct du corps, il en est une fonction. Celle-ci commence avec la perception sensible, s'élargit avec l'imagination et, au-delà, avec le discours mental. Il convient de rendre compte de l'expérience intérieure que l'homme a du monde.

Le fait premier, la donnée immédiate de notre vécu est la sensation. Elle a pour cause un mouvement extérieur

qui entre en contact avec les organes sensoriels. Ce peut
être un objet immédiatement tangible, comme dans le
toucher et le goût. Ce peut être un mouvement qui se
transmet de proche en proche, depuis un objet, et à travers
la matière éthérée intermédiaire, jusqu'à nous, comme
dans la vue ou l'ouïe. Hobbes consacre sensiblement plus
de temps à rendre compte de la perception visuelle que
des autres espèces de sensations, mais le schéma reste
analogue pour les autres sens. Son explication le conduit
à distinguer le phénomène physique de l'illumination et
la perception visuelle.

Relativement à la phase proprement physique, l'affaire
n'est pas simple. Au-delà même des objets perçus, il faut
remonter à la source de lumière qui les éclaire. La couleur
n'est que l'irradiation réfléchie et altérée par la rencontre
d'un objet. C'est donc d'abord la production lumineuse
qui préoccupe Hobbes, par exemple dans le Soleil ou
dans le feu. S'il convient de réduire l'illumination à
un mouvement, la nature de ce mouvement reste à
déterminer. Hobbes a d'abord avancé l'idée que le corps
luminescent était animé d'un mouvement vibratoire de
contraction (systole) et de dilatation (diastole) (EL, 87).
L'intérêt premier de cette explication est d'éviter les
deux explications traditionnelles, soit en termes d'extra-
mission (la vision est une projection de l'œil sur l'objet)
soit en termes d'intromission (la vision s'effectue par la
pénétration de corpuscules à l'intérieur de l'œil). Dans
le schéma proposé par Hobbes, aucun corps n'entre dans
l'œil ni n'en sort, mais de petites oscillations locales se
propagent depuis la source lumineuse en transmettant
le mouvement par contiguïté, de proche en proche et
jusqu'à l'œil. Seul le mouvement oscillatoire est donc
communiqué. Mais si cette explication est cohérente, elle

suppose l'existence de vides interstitiels où s'effectue l'oscillation. Or Hobbes évolue sur la question du vide et adhère au plénisme à partir de mai 1648. L'explication oscillatoire en est donc invalidée et Hobbes laisse dès lors pendante la question de la production lumineuse, suggérant qu'elle pourrait être due au mouvement circulaire du Soleil entraînant la substance éthérée (DCO, 4, 27, 2).

L'indétermination de la phase physique ne rejaillit heureusement pas sur la phase psychologique. Il s'agit là de rendre compte de l'apparaître des choses dans l'esprit, de la représentation ou du phantasme des corps hors de nous, de la lumière en tant que telle et non en tant que mouvement. Pour cela, il faut suivre le mouvement transmis de l'extérieur à l'œil, puis au nerf optique et au cerveau, puis, au-delà, jusqu'au cœur. C'est là que finalement Hobbes loge le phénomène déterminant de la résistance du mouvement vital au mouvement communiqué (L, 12). Le heurt des deux mouvements produit la représentation, en nous, de l'objet. La résistance communique un mouvement inverse du cœur au cerveau et du cerveau à l'œil. C'est cela qui explique que la représentation nous présente l'objet comme hors de nous. Le sentiment de l'extériorité est l'effet de ce mouvement contraire. Malgré ces incertitudes, l'explication globale de la perception est donc parfaitement cohérente et intégralement conforme aux principes du mécanisme.

Imagination et discours mental

La perception actuelle donne lieu à des représentations ou phantasmes d'objets. Elle n'est cependant isolable des autres phénomènes psychologiques que par abstraction, car elle se trouve au fond toujours déjà insérée dans une vie mentale complexe. Ainsi le perceptif n'est aucunement séparable de l'affectif : en situant dans le cœur le lieu de la résistance du mouvement vital, Hobbes entend précisément insister sur leur imbrication étroite. Nos sensations se produisent dans un contexte de désirs et de craintes et ceux-ci se fixent en retour sur les objets dont nous avons fait l'expérience sensible, selon le plaisir ou la douleur que nous en aurons eu. Par ailleurs, la perception n'est que l'élément originel d'un ample développement psychologique. Celui-ci commence avec l'imagination et se déploie avec le discours mental. Le mouvement de résistance qui donne lieu à nos perceptions continue en effet de se propager dans le cerveau, qui lui sert de milieu, alors même que l'objet n'est plus présent. Par là, nous sommes capables de représentations imaginaires. Mais la rétention des phantasmes s'accompagne nécessairement de la rétention de leur succession : le remplacement ininterrompu des perceptions produit des liens psychologiques entre les objets perçus et ces liens sont eux-mêmes conservés. L'enchaînement de nos pensées qui forme le *discours mental* n'est donc jamais hasardeux ; il est au contraire totalement déterminé par notre expérience sensible. L'imagination d'un objet appelle à sa suite une autre sensation selon une succession elle-même strictement empirique. La nécessité des associations d'idées est occultée par la complexité de notre expérience, car la perception répétée d'un même objet a été, dans les faits, suivie par des perceptions chaque fois différentes. Le discours mental suivra donc un chemin diversifié, quoique déterminé par l'expérience sensible et conditionné par un contexte particulier.

Nous nous trompons donc lorsque nous jugeons que nos rêveries les plus vagabondes enchaînent des pensées sans raison. Même alors un fil, pas si invisible, conduit nos pensées. Le discours mental peut en revanche être plus ordonné, lorsqu'il est attaché à une fin, c'est-à-dire à un affect saillant, désir ou crainte, qui le structure. Les pensées se succèdent alors, toujours en fonction de l'expérience passée, mais subordonnées à l'appétit ou à la crainte. Grâce à l'imagination et au discours mental, l'homme est capable de se détacher de la perception présente pour s'ouvrir au futur, se projeter des fins et instrumentaliser l'expérience acquise pour y parvenir. Cette *sagacité* à se donner des moyens en vue d'objectifs imaginés n'est aucunement le propre de l'homme. Elle est commune à tous les animaux, de même que la *prudence* qui consiste à savoir anticiper le résultat d'une action à partir de la mémoire du passé. Toutes ces facultés sont naturelles et partagées. Seule la parole, avec ses deux fonctions de marques et de signes, rompt avec l'ordre naturel et transforment les facultés naturelles en élevant « à un tel niveau que l'homme se distingue alors de toutes les autres créatures vivantes » (L, 25).

L'ANTHROPOLOGIE

L'appétit et l'aversion

L'anthropologie à proprement parler commence par l'étude de la parole et de la science qui introduisent le *discours verbal* et le *raisonnement* entre le monde des phénomènes et le monde mental. La nature humaine en est profondément modifiée. Il est significatif que Hobbes n'étudie les appétits, les passions et les caractères humains qu'après avoir exposé les fonctions du langage et de la raison. Quand bien même ils procèdent de facultés rigoureusement naturelles et communes à tous les animaux, ils donnent lieu en effet, chez l'homme seul, à des développements et à une diversification presque illimités. Les chapitres concernés du *Léviathan* (VI, VIII, X et XI) ont tous la propriété de décliner un vaste catalogue bigarré de désirs ou de craintes, de passions, de dispositions psychologiques, de valeurs et finalement de conduites. Le concept-clé ici est celui de la variété, qui rompt avec l'uniformité générale de l'ordre naturel.

Le mouvement animal, à la différence du mouvement vital, présuppose des pensées relatives à des fins ou à des moyens et prend donc son essor à partir de l'imagination. Lorsque l'imagination se porte ainsi vers une action, elle constitue elle-même un « petit commencement de mouvement » (L, 46), c'est-à-dire non pas une inclination à se mouvoir comme le rappelle Hobbes dans le *De corpore*, mais un mouvement infime et invisible, un *conatus*. La notion de *conatus* est évidemment centrale dans l'anthropologie de Hobbes comme dans sa mécanique. Il faut rappeler qu'elle apparaît dès les *Elements of Law* pour désigner le commencement du mouvement volontaire, avant d'intégrer le cadre plus large de la physique dans le *De corpore*. Le phénomène oréxique devient alors une application particulière des principes du mouvement. En revanche, cette notion n'a pas, comme chez Spinoza, de portée ontologique ; on ne trouvera pas cette idée, chez Hobbes, que « toute chose tend à persévérer dans son être » (*Éthique*, III, 6).

Le *conatus* désigne de manière générale l'effort qui tend à une action. Cet effort est toujours subordonné à un objet imaginé, mais selon les deux modalités possibles, soit en tant qu'objet recherché, soit en tant qu'objet repoussé. De ce fait, le *conatus* se dédouble en appétit

et en aversion. Les autres affects se découvrent à partir
de cette paire initiale, sans en dériver toujours. Il en est
ainsi des autres affects fondamentaux que sont l'amour
et la haine, le plaisir et la douleur. Il ne sont pas des
variations du *conatus*, mais ses corrélations : l'amour
et la haine se portent sur les mêmes objets que le désir
et l'aversion, à la différence que ces objets sont absents
ici, présents là. De semblable manière, le plaisir et la
douleur désignent la sensation accompagnant l'action
qui procède de l'appétit ou de l'aversion ; elle consiste
dans un mouvement intérieur qui renforce ou contrarie le
mouvement vital lui-même (L, 50).

La mécanique physico-psychologique est donc posée.
L'homme, comme tout animal, est nécessairement porté
vers ce qui lui paraît bon. Le bien est donc indexé sur
le désir, plutôt que l'inverse. L'ordre axiologique repose
ainsi sur les bases anthropologiques du désir et plus
généralement du *conatus*. Dans la mesure où il s'élabore,
chez l'homme, dans et par le discours, il s'agit du reste
moins de déterminer ontologiquement ce qu'est le bien
que ce que nous nommons « bien ». Or il faut conclure
que « le nom "bien" est commun à toutes les choses qui
suscitent un appétit » (DH, 393). Et il faut ajouter : parce
qu'elles font l'objet d'un appétit. Le bien est donc un
concept relatif ; rien n'est bon en soi. Le bien est tel pour
quelqu'un. Ce que les uns appellent « bien », d'autres
l'appellent « mal », ce qui est un bien pour certains est un
mal pour leurs ennemis, ce qui est un bien à un moment
devient un mal plus tard. Le concept de « bien commun »
n'est pas incohérent mais peut s'entendre en un sens
distributif (la santé de chacun) et en un sens collectif (la
paix de l'État). Même ce qui émane de Dieu n'est pas bon
absolument, mais eu égard à son intention.

La variété des appétits et des aversions s'étend considérablement, chez l'homme, en raison de la parole qui lui permet à la fois de se donner de nouveaux objets, mais aussi de nommer et donc de considérer les enchaînements ou les conjonctions des désirs. De là, une diversité inédite, à la fois réelle et nominale, qui résulte d'une multiplication des objets possibles (convoitise, ambition, curiosité, amour, etc.), de la combinaison de plusieurs désirs (passion amoureuse, rancune, pusillanimité, etc.) ou de l'association de désirs et de certaines opinions (indignation, vaine gloire, chagrin, cruauté, etc.). Cette complexification des appétits donne lieu à un tableau des passions que l'on peut ordonner, sans jamais espérer être exhaustif, car le nombre des passions est presque infini, tandis que les noms que nous devons inventer pour les désigner doivent être limités (DH, 419).

Les vertus intellectuelles

À l'instar de la vie affective qui s'affine, se diversifie et se ramifie à mesure que l'horizon mental de l'homme s'étend avec la parole, les dispositions intellectuelles trouvent un déploiement inédit. L'esprit, qui n'est qu'une fonction du corps vivant et non une substance, se module alors lui aussi différemment. Hobbes n'étudie cependant pas l'homme, uniformément conçu en sa nature commune, mais les hommes dans leur pluralité. De ce fait, toutes les modifications survenues avec la parole se trouvent immédiatement saisies dans les relations interhumaines. Le phénomène saillant est alors celui de la comparaison, donc de l'évaluation. Il en est ainsi des capacités intellectuelles qui ne se contentent pas d'exister factuellement, mais qui font également l'objet de jugements de valeur. L'intelligence ne désigne pas une faculté de discernement, mais une faculté de discerner plus grande que celle des autres. Si la diversité des passions tient pour beaucoup à leurs objets et à leurs combinaisons presque illimitées, la variété des vertus intellectuelles dérive essentiellement, elle, du développement inégal de dispositions en nombre assez restreint.

L'esprit est soit « naturel », quand il se constitue de manière purement empirique et sans méthode, soit « acquis », et il s'agit alors de la raison, de son usage correct et des sciences qui en dérivent. La raison est uniforme, mais elle peut être diversement appliquée chez les hommes. Partout, cependant, elle se présente d'abord comme une revendication de rectitude, que cette prétention soit ou non justifiée. C'est pourquoi sa raison est toujours en même temps, pour chacun, « droite raison ». On comprend aisément que l'appel à la raison ne résoudra pas toutes les difficultés à la mise en place d'un accord entre les hommes.

Mais c'est surtout l'esprit naturel qui prend plusieurs facettes, puisqu'il résulte des différentes manières que l'on a de conduire le discours mental et l'enchaînement de nos pensées. Aussi, la première vertu consiste-t-elle dans la vélocité ou la vivacité des enchaînements eux-mêmes, qui permet à l'imagination de passer rapidement d'une idée à une autre. Les autres vertus dépendent de notre disposition à comparer les pensées successives, soit pour en relever les ressemblances (ce que l'on appelle « avoir de l'esprit »), soit pour en faire ressortir les différences (ce que l'on appelle le discernement).

En distinguant les formes que peut prendre l'esprit humain des passions, Hobbes n'entend cependant pas les séparer. Au contraire, la diversité des premières découle de la variété des secondes : « les causes qui font ainsi différer les esprits résident dans les passions » (L, 69). La vie intellectuelle, sous ses diverses modalités y compris dans la mise en œuvre de la raison, est ainsi totalement animée par les passions. La relation de la raison aux passions s'en trouve compliquée.

En un premier sens, les passions sont des « perturbations de l'esprit » dans la mesure où elles gênent le raisonnement correct (DH, 409). L'usage d'un vocabulaire stoïcien peut étonner de la part de Hobbes. Il semble en effet impliquer un dualisme peu cohérent avec son matérialisme anthropologique. Qu'entend-il par là exactement ? Les passions sont des *conatus* qui, d'un point de vue mécaniste, amorcent des mouvements de rapprochement ou d'éloignement. Elles se donnent des objets immédiats d'appétit ou d'aversion et, en surévaluant le présent au détriment du futur, elles troublent le calcul de la raison sur les biens et les maux. En d'autres termes, c'est à cause des passions que nous nous donnons des biens ou des maux apparents, distincts des biens ou des maux réels. La raison tend à neutraliser la déformation qu'impose notre vie affective, en se donnant un horizon lointain, mais la force des affects restaure sans cesse des biais dans notre évaluation des choses.

En un autre sens, cependant, les passions alimentent la raison et, plus généralement, l'esprit. Hobbes ne déclare d'ailleurs pas que toutes les passions perturbent le raisonnement, mais seulement que « la plupart » le font (DH, 409). La raison n'est qu'un instrument de calcul qui ne peut se donner des fins ; sans désir, la raison ne servirait à rien. C'est donc moins les passions elles-mêmes que leur force qui peut perturber le raisonnement. L'opposition n'est donc pas entre les passions et la raison, mais entre les passions modérées et les passions excessives. Les premières sont non seulement compatibles avec l'usage de la raison, mais elles lui sont nécessaires, alors qu'à cause des secondes, peut-être celles qu'il conviendrait d'appeler proprement passions, le raisonnement se trouve aveuglé par des apparences trompeuses.

On comprend dès lors la place de la folie dans ce contexte. Car si elle perturbe la raison, elle n'agit pas différemment de n'importe quelle passion un peu puissante. Seule son intensité la différencie en réalité des passions ordinaires (L, 70). La distinction entre le normal et le pathologique s'en trouve, évidemment, considérablement affaiblie; il n'y a aucune discontinuité entre une vie affective vigoureuse et la folie. Celle-ci est naturellement aussi diversifiée que les passions elles-mêmes et Hobbes refuse d'exclure la folie hors du champ de son anthropologie.

Les mœurs

Les *conatus* se prolongent en passions et celles-ci conditionnent les dispositions intellectuelles. Toutes deux contribuent, par leur relative stabilité, à former certains caractères d'esprit ou *ingenia*, c'est-à-dire aussi certains types de conduites ou mœurs. La vie affective et intellectuelle ne se renouvelle en effet pas sans cesse, elle tend à une permanence qui conduit à pouvoir attribuer telle ou telle qualité aux individus. Il est difficile de préciser ce qui détermine exactement ces caractères personnels. Hobbes propose un ensemble de six facteurs qui sont susceptibles d'entrer en jeu dans cette cristallisation. Y participent le soubassement physiologique (le tempérament du corps), l'habitude, l'expérience et la situation contingente qui est la nôtre, mais aussi les effets de nos relations aux autres.

L'éducation exige l'exemplarité des maîtres plus que leur compétence et l'opinion que l'on a de soi nous prédispose tantôt à l'obstination et à la critique, tantôt à la modestie et à l'effort sur soi.

Hobbes, pourtant, ne porte qu'un intérêt dérivé au phénomène du caractère : il ne s'y porte que dans la mesure où ces formes d'esprit déterminent la qualité des relations interindividuelles au sein d'une société. L'objectif politique est d'emblée présent dans cette caractérologie qui étudie « les qualités des hommes qui intéressent leur cohabitation pacifique et leur réunion » (L, 95). Certaines d'entre elles portent à la paix et à l'accommodement, d'autres favorisent au contraire la rivalité, la jalousie ou la contestation. Ainsi l'accoutumance à certaines pratiques ou à certaines opinions acquises dès l'enfance produit une inertie tant chez les individus que dans la société prise globalement. On comprend à la fois la haine des opinions nouvelles qui émane des théologiens comme on saisit l'importance d'agir précocement sur les esprits pour les éduquer à la vie civile (DH, 425). Ceux qui ont une haute et vaine opinion d'eux-mêmes sont enclins à rejeter la critique sur les autres et en particulier sur les institutions qui définissent les critères du juste et de l'injuste. Les juristes, précise Hobbes, sont particulièrement sujets à ce type de défaut en raison de la confiance que l'État a placée en eux, ce qu'ils traduisent comme la reconnaissance de leur supériorité en matière de lois. Le goût du confort, la crainte de la mort ou la passion pour la science et les arts, à rebours, militent pour la paix (L, 97).

Cette caractérologie entend ainsi fournir les connaissances requises pour formuler clairement les problèmes du politique et en construire la solution. Les hommes sont divers et on ne saurait fonder la politique sur leur seule nature commune ; il convient de partir des effets de certaines propensions, parfois hostiles, parfois pacifiques, au sein des sociétés humaines. Les hommes ne se définissent pas seulement par leur raison, qu'ils exercent d'ailleurs diversement, mais aussi par leurs caractères ou par leurs conduites. L'individualisation en sort renforcée. La « variété des mœurs » – c'est le titre du chapitre XI du *Léviathan* – forme ainsi le véritable terrain sur lequel germera la question politique.

Le désir de pouvoir

Mais cette diversité humaine n'est-elle pas, au fond, secondaire et superficielle ? N'occulte-t-elle pas ce qu'il y a d'universel au cœur de tous les hommes, le désir de préservation, véritable principe du mouvement animal dont tout dérive ? « Le premier des biens est pour chacun sa propre conservation. Car la nature a fait que tous désirent que les choses aillent bien pour eux. Autant que le permettent leurs capacités, il est nécessaire qu'ils désirent la vie, la santé, et l'assurance, autant qu'il est possible, d'avoir les deux à l'avenir » (DH, 397). Ce que le *De cive* confirme en soulignant que « chacun s'emploie de toutes ses forces, non seulement *de droit* mais aussi par *nécessité naturelle*, à obtenir ce qui est nécessaire à sa préservation » (DCI, 129). Ce point, pourtant, est plus compliqué qu'il n'y paraît.

L'objectif de se préserver n'est pas le fait originel du mouvement animal ; il commence en réalité dès le mouvement vital, dont les fonctions (nutrition, circulation sanguine, etc.) ont justement pour fin de maintenir la vie autant qu'il est possible. Le mouvement animal ne se donne la même finalité que par subordination au mouvement vital. Ce qui facilite ce dernier provoque en effet une sensation de plaisir tandis que ce qui le gêne produit au contraire une sensation de douleur. L'expérience du plaisir et de la douleur détermine ensuite nos appétits et nos aversions. Aussi est-ce par une nécessité de notre nature que notre désir premier et fondamental se porte sur notre propre préservation (DCO, 4, 25, 12).

La préservation de soi forme donc le bien premier, ce qui ne signifie pas qu'elle soit un bien absolu, ou une fin ultime. À la vérité, il n'existe rien de tel : « la félicité en cette vie ne consiste pas dans le repos d'un esprit satisfait. Car n'existe en réalité ni ce *finis ultimus* (ou but dernier) ni ce *summum bonum* (ou bien suprême) dont il est question dans les ouvrages des anciens moralistes » (L, 95). La vie et la mort ne sont donc pas symétriques : si la mort est bien le *summum malum* (DCI, 78), la vie n'est pas le *summum bonum*. Elle est un phénomène physique singulier, à savoir un mouvement qui tend à assurer les moyens de se préserver. Le désir ne vise donc qu'à garantir à l'avenir, immédiat ou plus ou moins éloigné, sa renaissance indéfinie. C'est pourquoi la vie n'est pas une fin en soi, elle n'est qu'une *condition*. Elle n'est pas recherchée pour elle-même. Toute fin se révèle être, en même temps, un moyen. Voilà ce que découvre Hobbes : pour un être vivant, n'existent au fond que des moyens car « la félicité est une perpétuelle marche en avant du désir, d'un objet à un autre, la saisie du premier n'étant encore que la route qui mène au second » (L, 95). Le désir est l'expression même de la vie ; c'est donc une conclusion analytique de dire que son absence coïncide nécessairement avec la mort (L, 58).

La position de Hobbes apparaît délicate. D'un
côté, le désir se fixe sur des objets qui se présentent
indubitablement comme des fins. De l'autre, tous ces
objets s'effacent en quelque sorte indéfiniment devant
d'autres objets et se dévoilent comme de simples moyens.
L'interchangeabilité de la fin et du moyen vaut du point
de vue du désir. Le plaisir est en effet à la fois ce qui est
recherché et ce qui facilite, en chacun, sa propre vitalité.
La pertinence des concepts de fin et de moyen s'en trouve
alors remise en question.

La situation de l'homme, cependant, modifie les termes
du problème. Capable de raisonnement, il peut redonner
un sens fonctionnel, et distinct, à ces concepts. C'est en
effet parce que nous nous donnons des fins que nous
pouvons computer les moyens d'y parvenir. Cela justifie
en particulier que nous sacrifiions des biens présents au
profit de biens ultérieurs plus importants. L'extension
de l'horizon temporel, que permet la raison, fonde la
distinction cardinale entre bien apparent et bien véritable
(DH, 395). Un bien apparent reste un bien considéré en
lui-même ; cependant, il est en connexion nécessaire
avec d'autres choses, pour certaines mauvaises, pour
certaines bonnes, et la série peut s'avérer globalement
bonne ou mauvaise. Ainsi, la raison vise loin, tandis
que les passions, conçues comme des perturbations de
l'esprit, ramènent au contraire sans cesse notre vue au
présent immédiat. Il est pourtant évident que toute série
d'événements est, en principe, indéfinie et qu'il faut bien
que la raison lui fixe un terme et détermine par là une
fin par provision. Il y a à cela deux raisons. La première
est que le raisonnement ne peut s'étendre lui-même de
manière illimitée et qu'il doit parvenir à un ensemble fini
pour procéder au calcul des biens et des maux. La seconde

tient à ce que plus lointain est l'avenir que je considère, moins il dépend de mon seul choix présent : quantité de facteurs extérieurs interviendront et j'aurai moi-même à faire de nouveaux choix intermédiaires. Autrement dit, l'avenir est incertain et il l'est d'autant plus que je vise loin. Il serait donc déraisonnable de sacrifier des biens proches et assurés pour un bien plus important mais simplement hypothétique car très éloigné.

Les concepts de fin et de moyen n'ont donc ni la même portée, ni la même application du point de vue de la raison et de celui du désir. Pour l'être vivant et désirant, tout plaisir est en même temps fin et moyen ; la douleur n'est ni l'une, ni l'autre. Pour l'être raisonnant, quoique déjà en germe dans la prudence, une douleur ou une privation peut être le moyen d'acquérir un bien ultérieur, la perspective temporelle permettant de distinguer fonctionnellement moyens et fins.

Certes, les fins déterminées par la raison restent subordonnées à la préservation de soi. Elles restent provisoires et résultent d'une conjecture ou d'une connaissance anticipée de ce qui permettra au mieux de garantir ma vie à terme. En ce sens, il est possible de trouver, chez l'homme, un désir universel de se procurer des instruments ou des pouvoirs toujours plus importants : « je mets au premier rang, au titre d'inclination générale de toute l'humanité, un désir perpétuel et sans trêve d'acquérir pouvoir après pouvoir, désir qui ne cesse qu'à la mort » (L, 96). Il est entendu que le pouvoir n'est pas une fin, mais un simple moyen. Le propre d'un pouvoir est d'être l'objet d'une acquisition, celle-ci permettant non pas seulement de se maintenir en vie pendant un temps, mais d'acquérir un nouveau pouvoir qui s'ajoute au premier. Avec la notion de pouvoir, Hobbes souligne ainsi le processus cumulatif, voire de surenchère, qui affecte les hommes : « de sa nature, le pouvoir est semblable à la renommée : il s'accroît à mesure qu'il avance » (L, 81).

Le pouvoir est naturel quand il consiste dans les facultés prééminentes du corps ou de l'esprit; il est instrumental quand il réside dans les instruments, acquis grâce à ces dernières, qui donnent la possibilité d'acquérir encore plus de pouvoir. Pourquoi cet accroissement indéfini ? Y a-t-il, dans la nature humaine, une convoitise insatiable ? Les exemples donnés par Hobbes proposent une tout autre explication : la richesse, la réputation, les amis, et la chance illustrent le concept de pouvoir instrumental. Ce sont, par excellence, des pouvoirs relatifs et comparatifs, qui n'ont de sens que dans un contexte social. Être riche, c'est être plus riche que les autres. La renommée réside dans l'opinion que les autres ont de notre pouvoir. Les amis constituent le groupe susceptible de m'assister en toute occasion. La chance elle-même procure une aura particulière à celui qui en a. De même que les pouvoirs naturels ne sont tels que s'ils sont prééminents, de même les pouvoirs instrumentaux se définissent-ils par leur supériorité sur ceux des autres. La vie sociale enclenche ainsi une compétition entre les hommes.

Dans la grande variété des pouvoirs que fournit Hobbes, une place particulière est accordée à l'opinion que les hommes ont les uns des autres. Le pouvoir n'est rien, en effet, s'il n'est pas reconnu comme tel. Il faut même aller plus loin car « la réputation de posséder un pouvoir est un pouvoir » (L, 82) puisqu'elle suscite des adhésions et des appuis potentiels. À bien des égards, l'apparence du pouvoir suffit donc pour être puissant. Un succès dû au hasard produira une présomption de sagesse, ce qui est bien plus important, socialement, que d'être réellement sage. À l'inverse, la science, en elle-même, procure peu de pouvoir car un savant ne peut être reconnu comme tel que par d'autres savants.

Hobbes n'oppose donc pas les pouvoirs réels aux pouvoirs apparents : le contexte de pertinence est, dès l'origine, l'espace social, communicationnel et relationnel où les hommes tâchent d'interpréter les signes de pouvoir chez autrui. Ce sont les apparences qui produisent les véritables effets de pouvoir. Hobbes résume cela dans le concept social de valeur : « la valeur ou l'importance d'un homme, c'est comme pour tout autre objet, son prix, c'est-à-dire ce qu'on donnerait pour disposer de son pouvoir » (L, 83). Comme pour toutes choses, ce n'est pas le vendeur, mais l'acheteur qui fixe le prix d'un homme. Il ne faut pas comprendre une telle affirmation comme une réduction scandaleuse de l'homme à un bien marchand. Si le concept de valeur ici mis en avant n'a évidemment rien de moral, c'est tout simplement parce que la doctrine morale n'a pas encore commencé à être fondée à ce stade. Elle fera place, en temps voulu, au devoir d'une reconnaissance mutuelle entre égaux. Pour le moment, Hobbes analyse les rapports interindividuels où chacun juge et jauge l'autre en fonction de son pouvoir supposé. Avant toute spéculation sur une éventuelle « dignité morale », c'est le jeu social qui fixe la mesure des évaluations. La valeur d'un homme, dans le domaine des relations humaines, est une valeur d'échange qui relève intégralement de l'économie sociale.

Peut-on encore en conclure que l'homme, malgré la complexité que la vie sociale et son jeu de miroirs ont introduite dans ses désirs, recherche, par une nécessité de sa nature, à se préserver par-dessus tout ? Hobbes reconnaît qu'il n'en est pas ainsi. Certes, nous l'avons vu, la vie n'est pas une fin, mais la condition de réitération indéfinie du désir. Cependant, pour l'homme, la condition du désir peut n'être plus désirable. La terreur, folle, d'un mal pire que la mort peut conduire certains à se la donner (D, 115). De jeunes milésiennes, autrefois, furent prises d'une crise de folie, due à « quelque passion », et allèrent se pendre. On les guérit par la menace de les exposer nues publiquement. Leur sens de l'honneur, fondé sur la valeur sociale qu'elles cherchaient en dépit de tout à préserver, les retint (L, 73). À l'inverse, un homme peut être amené à préférer la mort à une vie d'infamie (DCI, 130 et 175) : cette fois encore, la valeur sociale prime sur d'autres considérations, ici au prix de la vie. Les cas ne sont pas tous semblables ; s'il faut parfois que la raison soit violemment perturbée par une passion pour ne plus goûter la vie, c'est, en d'autres circonstances, la raison elle-même qui convient qu'une vie de mépris ne vaut pas d'être vécue.

Liberté et nécessité

Les appétits et les aversions constituent ainsi les principes de différenciation des hommes, formant à la fois leurs caractères et les engageant dans une compétition de pouvoir. Encore faut-il rendre compte du processus par lequel ces mouvements psychologiques se traduisent en actes. À la vérité, il n'y a pas de « traduction » d'une intention mentale en acte puisque l'intention est déjà un mouvement physique et qu'elle est parfaitement homogène à l'action qui en est le prolongement extérieur. L'activité de l'esprit, cependant, fait se succéder alternativement les conséquences anticipées, bonnes ou mauvaises, d'une action quelconque, donnant lieu à une oscillation d'appétits et d'aversions ou d'espoirs et de craintes à propos du même objet : « la somme totale des désirs, aversions, espoirs et craintes, poursuivis jusqu'à ce que la chose soit accomplie, ou jugée impossible, est ce que nous appelons DÉLIBÉRATION » (L, 55). La délibération n'est ni une réflexion, ni une faculté, ni même une activité ; elle est un ensemble d'intentions successives et contraires, guidées par la considération des effets conjecturés. L'anticipation des conséquences est donc le moteur de la délibération. Elle ne requiert pas la raison, mais commence avec la prudence, c'est pourquoi même les bêtes délibèrent. L'expérience qu'elles enregistrent leur permet en effet d'émettre des conjectures sur les actions possibles (L, 24). La raison, cependant, donne à la délibération une autre ampleur, en ce sens qu'elle travaille la distinction entre bien apparent et bien réel et qu'elle peut calculer ainsi la valeur, positive ou négative, de séries d'événements liés.

La délibération s'achève lorsqu'un désir ou une aversion n'est plus remplacé par son contraire. Deux cas de figure sont possibles. Soit que le désir soit plus fort que l'aversion (ou son contraire) et il se poursuit alors en acte. Soit que l'objet du désir apparaisse impossible, par exemple parce que le temps de la délibération a rendu le choix caduc. La théorie de la délibération élaborée dès 1640 continue de faire l'objet d'interprétations divergentes et a suscité chez les contemporains, notamment chez Bramhall, de fortes objections. Elle est en effet au fondement du concept hobbesien de liberté.

Hobbes a pu faciliter les critiques en articulant la délibération et la liberté de curieuse manière. Renvoyant à une étymologie fantaisiste, il rapporte la « dé-libération » au fait que, par elle, la liberté d'accomplir ou pas une action se trouve abolie. Le paradoxe est que la liberté est supposée présente au cours de la délibération et qu'elle n'est ôtée que par la résolution finale, lorsqu'un désir ou une aversion l'emporte. Hobbes appelle « volonté » le dernier désir ou la dernière aversion.

Le fait est que la délibération comprend la « somme » des appétits successifs. En ce sens, elle reste incomplète tant qu'elle n'a pas atteint son point de résolution. On ne peut définir une délibération qu'au terme de l'alternance des désirs, avec l'acte ou son omission, au moment où il n'y a plus de liberté de faire ou de ne pas faire. Que signifie alors la liberté pendant la délibération ? Non pas que nous possédions un libre arbitre. Tous les événements mentaux sont des effets déterminés par des causes, aussi la succession des appétits est-elle intégralement nécessitée par le flux des pensées. Dans sa critique du libre arbitre, Hobbes attaque la conception de la volonté comme faculté. Elle supposerait en effet une capacité d'auto-détermination qui est inintelligible. On n'exerce pas sa volonté et la volonté n'est pas libre au sens où on ne peut pas vouloir vouloir. Preuve en est que la volonté ne peut s'attacher qu'à ce qui nous apparaît bon. On ne peut donc ainsi vouloir « le mal pour le mal », à moins de jouer sur les mots : ce que je sais être un mal pour les autres n'est pas toujours un mal pour moi. Même Médée a jugé préférable et donc *bon* de tuer ses enfants, quoi qu'on en ait dit (QL, 308). De même manière, nul ne peut vouloir se tromper (DCI, 363). Nous ne voulons donc pas ce que nous voulons vouloir, mais ce que nous sommes nécessités à vouloir.

Cela n'enlève en rien le caractère volontaire des actes ainsi déterminés, puisqu'ils prolongent le dernier appétit. À l'inverse un acte involontaire sera un acte contraint, cette contrainte ne pouvant s'exercer que de l'extérieur. Aussi, agir par crainte ou sous la menace n'en est pas moins agir volontairement : le marin qui jette tous ses biens par dessus bord pour se sauver agit par volonté, tout comme celui qui accepte de marcher vers sa cellule, quoique escorté par des gardes.

Il faut reconnaître que la question de la liberté chez Hobbes reste aux prises de tensions importantes. Il existe en effet deux problématiques liées à la liberté et Hobbes a par ailleurs été amené à évoluer à ce sujet. Un homme est libre, en un premier sens, aussi longtemps qu'il n'a pas fini de délibérer. Il est libre, en un second sens, lorsqu'il ne rencontre pas d'obstacles extérieurs à son propre mouvement. Il convient de préciser l'interprétation à donner à chacune de ces acceptions et à les articuler : y a-t-il au fond un ou deux concepts de la liberté ?

Il est très clair que lorsque Hobbes veut donner une définition de la liberté, il retient systématiquement le second sens : « la liberté est l'absence de tous les empêchements à l'action qui ne sont pas contenus dans la nature et la qualité intrinsèque de l'agent » (QL, 348, L, 221). Il n'y a donc, dans le corpus hobbesien, qu'une seule définition de la liberté. Selon celle-ci, les contraintes internes, comme la force d'un désir ou la crainte d'un danger, voire une simple opinion, sont exclues parce qu'elles ne portent pas sur une action. Sans le commencement d'une action, la question de la liberté ne se pose pas. Pour cette même raison, un homme paralysé ou cloué au lit par la maladie manque certainement de pouvoir, mais non pas de liberté (L, 221). Est dit libre un acte volontaire qui se déroule sans entrave. Comment comprendre alors que l'agent soit libre avant le terme de la délibération et donc avant l'action elle-même ? La liberté comme absence d'obstacle à l'action est en réalité une application particulière d'une définition un peu plus large donnée dans le *De cive* où elle est « l'absence d'obstacles au mouvement » (DCI, 213). Tout mouvement n'est pas une action : l'eau qui coule est ainsi dite libre si elle ne rencontre pas de barrage. Si l'on passe outre la dimension provocatrice d'une liberté qui n'a plus rien de proprement humain et qui relève de la pure dynamique matérielle, cette définition plus large permet de saisir pourquoi on peut parler d'une liberté antécédente à la volonté et à l'acte. Délibérer consiste en effet à faire alterner désirs et craintes. Le désir et la crainte sont des *conatus* et des commencements de mouvements. Mais leur succession est aussi un mouvement d'oscillation. C'est celui-ci qui est dit libre jusqu'à la résolution finale. Auparavant, dit Hobbes, l'agent est libre « d'accomplir ou d'omettre », non pas libre d'accomplir et libre d'omettre. Sa liberté concerne l'alternative, c'est-à-dire, chez Hobbes, le mouvement de va-et-vient entre les désirs. Elle ne regarde pas directement les appétits eux-mêmes. Le choix, qui met fin à la délibération empêche, de fait, l'alternance des appétits de se poursuivre (DCI, 213) et ôte ainsi la liberté que l'on avait. C'est pourquoi il n'y a au fond qu'un seul concept de liberté, mais deux applications différentes.

La religiosité et la religion naturelle

L'anthropologie hobbesienne ne serait pas complète si elle n'étudiait pas cette particularité humaine qu'est la religiosité, du moins en ce qu'elle dérive d'une « semence naturelle » (L, 103). Le constat est vite établi puisqu'à peu près tous les hommes, et eux seuls, manifestent quelque croyance en des divinités variées. Il faut donc qu'il y ait, dans les facultés naturelles de l'homme, c'est-à-dire ici dans celles qui lui sont propres, le ressort de la croyance. Hobbes entreprend ainsi d'en dégager une explication naturaliste et de la mettre à part de toute considération sur la « vraie religion », point de convergence de la raison naturelle et de la révélation surnaturelle, qui le conduira dans une tout autre voie.

La religiosité traduit donc d'abord et avant tout une propension psychologique, totalement désindexée de la vérité. L'homme est en effet un animal curieux (L, 52) qui se préoccupe de la cause des événements, en particulier de ce qui lui arrive, de sa bonne ou mauvaise fortune. Or, très loin de savoir satisfaire spontanément ce désir par la science, il se trouve souvent démuni devant les questions qu'il se pose. Cette situation paradoxale produit chez lui la crainte de l'avenir, c'est-à-dire l'anxiété (L, 105), qui est le vrai germe naturel de la religion.

Cette anxiété s'analyse en quatre points, caractérisant tous l'état de l'homme qui fait un usage insuffisant de sa raison. L'ignorance des causes de ce qui nous arrive, jointe au souci de les identifier, produit la croyance en des pouvoirs invisibles ; de leur invisibilité, les hommes concluent de surcroît à leur incorporéité. Voilà comment les hommes, naturellement, en arrivent à se persuader de l'existence d'esprits incorporels, sans bien comprendre, d'ailleurs, comment cela est concevable. En second lieu, l'ignorance du *modus operandi* de la nature les conduit à élever des coïncidences au rang de causes. Tout cela les pousse, ensuite, à honorer ces divinités à la manière dont on honore les hommes, avec les mêmes modalités de révérence, de respect, de demandes et de remerciements : l'infinie différence entre Dieu et l'homme est manquée.

Enfin, persuadés d'être les interlocuteurs de divinités cachées, les hommes scrutent les signes possibles dans n'importe quel événement un peu extraordinaire.

L'ensemble de cette séquence donne ainsi lieu à une religiosité naturelle, qui n'en est encore qu'au stade embryonnaire et qui se développera diversement selon la culture qu'elle recevra des peuples. Elle représente, au fond, la crainte sans la raison, c'est-à-dire la superstition (DCI, 313). Il faut la distinguer de la « religion naturelle » qui, elle, procède de la raison sans la révélation. À rebours de la crainte qui nous oriente vers l'avenir, la raison peut s'interroger sur la cause des effets observés. Cette démarche, qui alimente la science, peut naturellement se prolonger dans la recherche d'une cause première. On est alors amené à admettre l'existence d'une telle cause, Dieu, à titre de présupposé nécessaire (L, 102). Mais la certitude de l'existence de Dieu s'obtient alors qu'il nous est totalement impossible d'en avoir une idée, c'est-à-dire de connaître sa nature. Exactement comme un aveugle-né admet l'existence d'une source de chaleur appelée « feu » sans en avoir la moindre idée.

Que peut-on dire d'assuré à propos de Dieu? Peu de choses. La vérité et l'honneur qui lui sont dus nous interdisent d'enfermer sa nature dans quelque finitude : il n'a ni forme, ni borne spatiale ou temporelle, ni limite à sa puissance, bonté, etc. Il ne saurait désirer ou être frustré, apprendre ou subir, attendre ou regretter. La raison nous enjoint de n'employer à son égard que des termes négatifs comme ceux d'infini, d'éternel, d'inengendré, d'incompréhensible, ou des termes superlatifs comme ceux de très-bon, très-haut, très-grand. Mais tous ces termes ne sont pas pris comme décrivant quelque nature objective de Dieu, mais bien plutôt comme traduisant notre ignorance et notre admiration (DCI, 302). Le discours sur Dieu est avant tout une marque du culte que nous lui rendons, pas une connaissance que nous en aurions. Ne pouvons-nous donc rien savoir de positif à son propos ? Seulement « qu'il est ». À cela, cependant, s'ajoutent deux connaissances supplémentaires. La première est qu'il existe comme cause première et entière de toute la nature. La seconde, admise à partir de 1651, est qu'il est corporel, en vertu de l'axiome ontologique selon lequel tout existant est matériel. L'une comme l'autre posent des problèmes redoutables. Ainsi, comment Dieu peut-il être cause de la nature, sachant que la cause est la somme des accidents de l'agent et du patient ? Comment a-t-il pu produire la matière s'il est lui-même matériel ? À bien des égards, donc, le culte doit remplacer le savoir.

LA COEXISTENCE DES HOMMES

L'état de nature

L'anthropologie rend compte de la nature commune des hommes mais aussi de leur diversité. Il convient maintenant de penser leur mise en situation réelle et de déterminer le mouvement qui se met en branle du simple fait de leur coprésence. C'est ce contexte dynamique que Hobbes appelle « état de nature », sécularisant un concept d'origine théologique. Il importe de préciser que cet état désigne la condition naturelle des hommes, non pas la condition des hommes naturels. La critique que Rousseau adressera à Hobbes, d'avoir conçu l'homme à l'état de nature sur le modèle de l'homme social, porte à faux puisque Hobbes s'est justement efforcé d'exposer comment la parole, la raison et les rapports mutuels modifiaient et différenciaient les hommes qui ont à vivre en commun. Cette condition n'est naturelle que parce qu'elle procède de la seule coexistence des hommes, sans artifice institutionnel.

La première interrogation concerne l'égalité de ces hommes si différents. Les variations d'intelligence ou de pouvoir engendrent-elles une inégalité spontanée entre les uns et les autres ? Assurément non, puisque le concept d'égalité qui est ici pertinent n'est pas métaphysique ou juridique, mais physique. Ainsi, à l'état de nature, les hommes sont tous égaux parce qu'ils peuvent tous se nuire également : les inégalités de force n'occultent pas l'égale vulnérabilité des hommes. Le plus faible peut toujours tuer le plus fort par opportunité, agilité ou ruse (DCI, 100 ; L, 122).

L'égal pouvoir de nuisance mutuelle va transformer l'état de nature en état de guerre de chacun contre chacun. Hobbes en identifie trois motifs immédiats : la rivalité, la méfiance et la fierté. Mais il ne leur a pas toujours accordé la même importance. La fierté, par exemple, désigne la joie de l'esprit qui considère son propre pouvoir ; à la différence de la vaine gloire, elle est très largement répandue et rend l'homme soucieux de son honneur auprès des autres et fort susceptible aux marques de dédain. La lutte pour la reconnaissance incline à la désunion, car aucune dialectique ne vient dépasser le conflit naturellement. Elle n'est cependant pas la cause la plus importante. Dans le *De cive*, Hobbes juge déterminante la rivalité des hommes pour des biens non partageables, car elle conduit droit à l'affrontement. Le risque est néanmoins de planifier la destruction du genre humain (DCI, 294) dans la nature même de l'homme et finalement de rendre Dieu, ou la nature, responsable du mal. Hobbes a donc été amené à clarifier cette question et à innocenter aussi bien Dieu que la nature humaine : « il ne découle pas de ce principe que les hommes soient méchants par nature » (DCI, 86). Les propensions naturelles des hommes ne sont pas en cause, non seulement parce qu'elles ne sauraient être qualifiées de méchantes avant tout critère de justice, mais aussi parce qu'elles ne produisent pas cette guerre mutuelle. Celle-ci s'explique davantage par le fait que certains hommes restent modérés dans leurs désirs tandis que d'autres nourrissent des appétits démesurés, qui vont bien au-delà de leur simple sécurité. Or, à l'état de nature, il suffit que quelques-uns soient immodérés et donc dangereux pour moi pour que je suspecte légitimement tout le monde. Pour ma propre sécurité, je suis conduit à prendre les devants et à attaquer le premier venu. Ainsi, « à l'état de nature, la volonté de nuire est présente en tout le monde, mais ni pour la même raison, ni au même degré de culpabilité » (DCI, 101). Le drame de l'état de nature est donc de généraliser une violence qui n'est le fait, initialement, que d'un certain nombre d'immodérés. Elle apparaît sans issue et la responsabilité en incombe aux hommes, non à la nature humaine (L, 125), ce qui s'explique par le fait que les hommes se sont différenciés en donnant lieu à des profils parfois agressifs.

Une nécessité physique pousse finalement tous les hommes à se nuire mutuellement. Cela ne signifie pas que l'état de nature soit un champ de bataille effectif, mais que la volonté de se nuire est générale. En précisant cela, Hobbes entend définir la paix comme garantie permanente contre la guerre, et non simplement comme absence de combat. Les hommes délibèrent en effet en tenant compte des conséquences à long terme ; ils cherchent non seulement à se préserver, mais aussi à garantir leur sécurité à l'avenir. Seule donc l'assurance d'être protégés pourra modifier leurs comportements et éviter de précipiter leur destruction mutuelle. C'est la garantie de la paix qui produit la paix et non l'inverse.

L'état de nature ne se résume pas à une situation de conflits ; le monde humain en son entier se trouve disloqué. Quand Hobbes entreprend de le décrire, il procède par soustraction : il n'y a alors ni sécurité, ni travail, ni technique, ni villes, ni propriété, ni arts, ni lettres. Même la perception du temps et de l'espace y est différente car les hommes se trouvent privés de connaissance géographique et d'une mesure commune du temps (L, 124). L'espace et le temps ne sont plus connus, ils sont vécus et vécus singulièrement par chacun, à partir de son propre corps exposé. Il faut prendre en compte l'indépassable subjectivité de l'état de nature pour en saisir toute la portée. Il n'y a alors, par exemple, aucun critère objectif de vérité : chaque chose est ce qu'elle paraît être à tel ou tel homme. Cette instabilité radicale a pour conséquence que cette condition naturelle est, au fond, moins un « état » qu'un mouvement de déconstitution de la nature, du monde et des hommes. On ne saurait la peindre ou en dresser le tableau. Toute représentation n'en est qu'une approximation, comme la guerre civile.

Pareille condition n'a évidemment jamais existé (L, 125). Si tel avait été le cas, les hommes ne seraient pas là pour en parler ; ils ne lui auraient pas survécu. Il ne s'agit donc pas d'un point de départ historique

auquel la civilisation aurait succédé, mais d'une
hypothèse théorique. Encore faut-il expliquer pourquoi
cette condition n'a jamais eu lieu. Conformément au
nécessitarisme que défend Hobbes, l'état de nature n'a
pas existé parce qu'il ne peut pas exister. Il ne peut
manquer d'apparaître mauvais à chacun, nul ne peut donc
le désirer. Par une nécessité de leur nature, les hommes
ne peuvent donc que vouloir sortir de cet état. Certes, il y
a loin de la volonté à l'aptitude (DCI, 99). Mais si, d'un
côté, la nature empêche l'homme de désirer participer
à cette hostilité mutuelle, elle le pousse, d'un autre
côté, à nuire à son prochain. Cette double inclination,
contradictoire, est la marque de l'état de nature. En
régime de pluralité humaine, la nature est amenée à se
contredire (EL, 181). En d'autres termes, l'état de nature
forme une contradiction ontologique. Ce qui signifie rien
de moins que les hommes ont toujours vécu hors de cette
condition en vertu d'une nécessité tout aussi ontologique,
qui suppose une rupture avec l'ordre naturel et l'invention
d'un artifice, l'État.

Les lois naturelles et la doctrine morale

Au fur et à mesure de ses reprises, Hobbes propose
des descriptions de l'état de nature dont le vocabulaire
du droit et de la loi disparaît peu à peu. Il s'explique
suffisamment par la mécanique humaine et la nécessité
d'en sortir relève de la prudence plutôt que de la morale.
Comment la question du droit puis de la loi apparaît-
elle ? Dans la condition naturelle, rien n'appartient à
personne ; la propriété est absente parce que chacun
peut se saisir de tout ce qu'il juge utile à sa préservation.
En ce sens, l'absence du droit est une apparence qui se

révèle être, au fond, une saturation de droits superposés : chacun a droit à tout et surtout aux mêmes choses. Le droit est donc présent, et même omniprésent, mais il est indiscriminé ; il n'y a pas de mien et de tien parce que tout est simultanément à moi et à toi. Hobbes pousse la logique assez loin puisqu'il affirme que chacun a un droit sur tout, y compris sur le corps et la vie d'autrui (L, 129). Or des droits illimités ont exactement le même effet que l'absence de droits. Certains lecteurs en concluent alors trop vite que chez Hobbes, le droit s'efface au profit des seuls rapports de force.

En réalité, l'état de nature fait naître la question du droit en fournissant à chacun l'expérience intime que tout n'est pas indistinctement mien et tien. Dans la peur continuelle que je ressens, j'éprouve à quel point mon corps est le mien, combien ma vie est la mienne. Le droit que j'ai sur mon corps est un droit de vivre ; le droit qu'autrui a sur mon corps est un droit de tuer. Ils ne sont pas identiques. Je suis seul à avoir en charge ma propre préservation et c'est à partir de cette expérience que le droit apparaît : ayant un droit exclusif à me préserver, j'ai aussi droit à tous les moyens d'y parvenir.

Le registre de la loi, naturelle et morale, succède au concept de droit et en dérive comme son contrepoint. Un droit est une liberté, une loi est une obligation ; ils s'opposent donc et « ne sauraient coexister sur un seul et même point » (L, 128). Si les concepts sont clairs, il est alors intriguant de voir qu'à leur origine, droit et loi coexistent sur le même point, les moyens de se préserver. Chacun a en effet non seulement le droit de tout faire pour garantir sa vie, mais il en a aussi l'obligation. La loi de nature est définie comme étant un précepte ou une règle rationnelle par laquelle il est interdit à chacun de faire ce qui met sa vie en péril ou d'omettre ce qui lui semble requis à sa préservation. Au-delà, droit et loi se scindent et divergent pour désigner deux catégories normatives opposées. Mais la loi de nature fondamentale naît au plus près du droit naturel fondamental ; ils sont réunis dans le précepte de la raison qui veut que tout homme s'efforce à la paix quand elle possible et qu'il se défende par tous les moyens quand elle est impossible (L, 129). Pour comprendre comment, depuis une source commune, droit et loi connaissent des développements contraires, il faut revenir à l'état de nature. Il désigne cette condition qu'on ne saurait naturellement ni désirer, ni éviter. Nous ne voulons pas y rester, mais ne savons pas en sortir. Un hiatus sépare la fin que la nature nous prescrit et les moyens qui sont à notre disposition. Le droit me fait juge de tous les moyens nécessaires à ma protection, mais de ce fait même, il ne forme pas une mesure commune des moyens à mettre en œuvre. Le droit des uns entre nécessairement en conflit avec le droit des autres. La loi émerge au contraire comme la catégorie normative qui, par définition, est commune à tous les hommes. Elle devient seule à même de fournir les moyens efficaces d'établir la paix entre les hommes et donc de procurer les conditions de la préservation des uns et des autres.

La première loi fondamentale oblige donc à rechercher, autant que possible, la paix. D'elle dérive la deuxième loi naturelle qui oblige à contracter un accord réciproque en vue de la paix. La spécificité de cette loi est qu'elle est conditionnelle et subordonnée à la réciprocité. Elle précise que chacun s'engage à se dessaisir du droit qu'il a sur toutes choses et à le réduire autant, mais pas plus, que cela est indispensable à la vie commune. L'analyse que Hobbes fournit de l'abandon de droit a pour but de parvenir à conceptualiser le pacte, grâce auquel les hommes accorderont leurs volontés pour obéir à l'avenir à un pouvoir commun. On ne peut pas littéralement communiquer un droit à autrui, dans la mesure où chacun possède naturellement un droit illimité. Un homme peut tout au plus renoncer au droit qu'il a, soit de manière absolue, soit au seul profit de telle ou telle personne. C'est alors qu'on parle, quoique de manière métaphorique, de transfert de droit. Nous nous interdisons alors simplement de faire obstacle à l'usage qu'un autre peut faire de son droit naturel illimité. Ce transfert peut être unilatéral ou réciproque. Dans ce cas, l'échange de droit peut se faire simultanément, ce qui en fait un contrat, tel l'achat d'un bien. Il peut aussi inclure une promesse de la part d'une partie ou des deux ; il s'agit alors d'un pacte (L, 133). Les détails de l'analyse que mène Hobbes ont essentiellement pour objectif de dégager la validité d'un pacte qui serait fondateur de la paix commune, en particulier en montrant que le contexte préjuridique de l'état de nature n'exclut pas la possibilité d'un pacte mutuel, pas plus que le règne de la peur dans lequel il est formé.

La deuxième loi naturelle enjoint donc de conclure un tel pacte, bien qu'elle ne précise pas encore les clauses qui lui permettront d'être efficace. Hobbes ajoute à cela près de vingt lois naturelles, avec peu de modifications d'un essai à l'autre, définissant les vertus qui contribuent à faciliter la vie commune (justice, gratitude, équité, modestie, etc.) et donc à favoriser l'adhésion des hommes au pacte initial.

L'ensemble de ces lois forme ce que Hobbes appelle sa doctrine morale (L, 159). Mais leur caractère déontologique reste problématique. En effet, à bien des égards, elles ne sont que des déductions ou des théorèmes de la raison (L, 392). Elles ne deviennent pleinement des lois que lorsqu'elles sont, comme toute loi, rapportées à une volonté qui commande, autrement dit, à Dieu (DCI, 141 ; L, 160) ou à l'autorité civile (L, 285). Le point litigieux et controversé porte alors sur le statut de ces préceptes quand ils sont strictement conclus de la raison. Les lois naturelles ne seraient-elles des lois que pour le croyant ? Cela est possible : seuls les pactes créent des obligations. C'est la promesse d'obéir à la loi qui m'engage, pas la loi qui me prescrit de promettre. Mais il faut alors se demander pourquoi Hobbes en parle continument en termes de lois, fût-ce de manière « impropre ». À la vérité, il est probable qu'il ne puisse se dispenser totalement d'une catégorie normative et déontologique, indépendamment de toute référence à Dieu. Après tout, la raison naturelle définit ce qu'est le droit ; il est assez logique qu'elle définisse aussi ce que sont les lois de nature, même si elles deviennent proprement des commandements lorsqu'elles sont rapportées à la volonté divine.

Si l'on hésite parfois à leur accorder un authentique statut de loi, c'est aussi parce que les lois naturelles n'obligent pas inconditionnellement : je n'ai pas à renoncer à mon droit de me préserver moi-même si je n'ai pas la garantie que les autres n'en font pas de même. Or une telle garantie, par définition, est absente de

l'état de nature. Les lois naturelles ne sont pourtant pas
inutiles ; elles ont au contraire pour vocation de former
la transition entre l'état de nature et l'état de société
civile en enjoignant tous les hommes de « s'efforcer à la
paix », c'est-à-dire d'inverser leurs efforts, leurs *conatus*,
vers l'accord. Les lois naturelles obligent réellement
les hommes mais seulement *in foro interno* et non *in
foro externo*, autrement dit dans notre conscience et
dans notre désir, mais pas encore dans nos actes. Cela
ne signifie pas qu'elles n'obligent que virtuellement.
Elles nous interdisent clairement de faire obstacle à la
paix sans raison : vouloir plus que nécessaire pour se
préserver, comme l'immodéré, est une entrave majeure
qui doit être bannie. De même façon, on ne peut en tirer
la conclusion qu'à l'état de nature, chacun aurait le droit
de tout faire ; il a plus exactement le droit de faire tout
ce qui lui semble nécessaire, à ses propres yeux, pour
assurer sa préservation. Cela peut aller jusqu'à tuer un
innocent si j'éprouve le moindre soupçon à son égard.
Mais cela exclut la cruauté, qui consiste à nuire à autrui
alors que ma protection est déjà assurée.

La justice

La justice n'est pas une vertu comme les autres dans
la mesure où elle procède de l'obligation de remplir ses
promesses. S'il n'y a pas eu de convention, il ne peut
y avoir de justice ou d'injustice. Comme la première
convention est celle qui donne naissance à l'État, il ne
peut y avoir de justice à l'état de nature. La notion de
justice est étroitement liée à celle de propriété, puisque,
reprenant la définition des juristes romains, Hobbes en
fait la « volonté constante de rendre à chacun le sien »
(L, 144). Là où le mien et le tien ne sont pas encore

distingués, la justice n'a rien à distribuer. Aux yeux de Hobbes, la justice est donc essentiellement distributive. La justice commutative n'existe pas : elle voudrait qu'un échange soit juste quand les biens troqués seraient de même valeur. Or, d'une part un échange n'est qu'une forme de redistribution consentie entre deux particuliers, d'autre part ce n'est pas l'égalité des biens mais l'accord des parties qui fait la justice d'un échange : si un homme accepte d'acheter un bien au-delà de son prix ordinaire, aucune injustice n'est commise.

L'ÉTAT

Le pacte fondateur de l'État et ses limites

Le pacte fondateur qui permet d'instituer l'État est l'œuvre de la raison, dans l'application par chacun des deux premières lois de nature. Chacun s'engage à obéir à une autorité commune, pourvue d'un pouvoir coercitif. Ainsi le paradoxe de la convention originelle est-il dépassé : une convention étant nulle lorsqu'elle est sans garantie, on pourrait aisément objecter que le pacte initial censé ériger l'autorité de contrainte ne peut lui-même être contraint. L'objection, pourtant, tourne court : le pacte produit en tant que tel sa propre garantie. Le pouvoir souverain, engendré par les promesses mutuelles, a au contraire toujours un temps d'avance sur les tentatives de défection.

La logique contractualiste s'impose donc comme le moyen de résoudre la contradiction dans laquelle l'état de nature place les hommes. À elle seule, cependant, elle reste insuffisante et Hobbes, ayant éprouvé ses limites, s'est efforcé d'en surmonter les difficultés jusqu'à la compléter par la théorie de l'autorisation, dans le *Léviathan*.

Dans le pacte initial, chacun s'engage à renoncer à son droit naturel absolu et à soumettre sa volonté à celle d'un individu ou d'une assemblée (EL, 223). La formulation n'a que l'apparence de la clarté : « soumettre sa volonté » n'a, au sens strict, aucun sens puisque la volonté n'est pas un bien dont on dispose librement. Se corrigeant, Hobbes propose de comprendre le pacte comme un transfert de forces (EL, 224) octroyant au souverain le pouvoir irrésistible dont il a besoin pour contraindre les particuliers à l'obéissance. Là encore, pourtant, la formule est malheureuse, nul ne pouvant se dépouiller réellement de ses forces. Le seul exposé intelligible consiste à dire que chacun renonce au droit qu'il a de résister au souverain. Or un tel pacte s'annule de lui-même. S'il n'est justement pas capable d'ériger le pouvoir irrésistible qui peut le valider en retour, il se dissout spontanément et chacun demeure à l'état de nature. De fait, le pacte ainsi présenté n'accorde à celui qui est désigné comme souverain ni droit supplémentaire (il a déjà tous les droits), ni puissance coercitive (chacun se contente de renoncer à résister). L'engagement à se dessaisir de son droit illimité échoue donc à atteindre son objectif.

La théorie de la représentation

Le génie de Hobbes est d'avoir perçu que la logique de la soumission devait laisser place à une logique de l'identification. Puisque je ne peux transférer ni ma *propre* volonté, ni mes *propres* forces, il convient de faire en sorte que le propre puisse circuler entre les hommes, et que par exemple ce qui est naturellement mien puisse être réattribué à autrui ou inversement. Cette mobilité de l'imputation demande que l'on se donne un nouveau plan de réflexion qui ne soit plus indexé au mécanisme, mais ordonné par le langage : à la cause doit succéder l'auteur, à la catégorie d'homme doit se substituer celle de personne. Ces nouveaux concepts n'ont ni la même signification, ni la même extension que les concepts physiques et ils ne se contentent pas de les dupliquer en leur donnant une dimension juridique. C'est par une redéfinition du concept de personne que Hobbes entreprend cette tâche.

Une personne est « celui *dont les paroles ou les actions sont considérées, soit comme lui appartenant, soit comme représentant les paroles ou actions d'un autre, ou de quelque autre réalité à laquelle on les attribue par une attribution vraie ou fictive* » (L, 161). On appelle « personne naturelle » celle à qui on attribue les paroles qu'elle prononce ou les actes qu'elle réalise en tant qu'agent et « personne artificielle » celle qui représente ceux d'un autre. Le caractère naturel de la première ne vaut donc que par contraste avec la personne représentative puisqu'elle résulte, elle aussi, d'une attribution. À l'inverse, le caractère artificiel de la seconde ne signifie pas qu'elle soit moins réelle que la première, mais seulement que l'attribution se dissocie de l'agent. Dans l'un et l'autre cas, une question majeure consiste à savoir *qui* procède à ces attributions, c'est-à-dire *qui* peut affirmer que les paroles ou les actes réalisés par quelqu'un sont les siens propres, ceux de quelqu'un d'autre ou ceux de quelque chose d'autre.

Pour cela, il convient, comme Hobbes, d'introduire les concepts corrélatifs d'auteur et d'acteur. L'acteur est celui qui parle ou agit en son nom, au nom d'un autre ou de quelque chose d'autre ; l'auteur est celui qui autorise l'acteur à agir ainsi. L'acteur est dit représenter celui au nom de qui, ou ce au nom de quoi, il parle et agit. Il est donc toujours un représentant. L'auteur peut être le représenté, mais ce n'est pas toujours le cas. Lorsqu'un vendeur se fait représenter par quelqu'un, il est à la fois l'auteur et le représenté, c'est-à-dire celui dont émane l'autorité du représentant et celui au nom de qui celui-ci procède à la vente. C'est pour ce type de situations que Hobbes parle d'« attribution vraie ». Mais dans certains cas, l'auteur est distinct du représenté ; ainsi le tuteur d'un mineur ne reçoit pas son autorisation du mineur mais de l'État. Cette disjonction permet du reste que des êtres inanimés, comme un pont, un hôpital, une université, puissent être représentés sur la base d'une autorisation officielle. C'est pour ce type de situations que Hobbes parle d'« attribution par fiction ». Le schéma est donc à trois termes : l'acteur (le représentant), l'auteur et le représenté. Il arrive simplement que les deux derniers soient les mêmes.

Si le registre de la fiction est très présent dans ces développements, il importe de distinguer trois sens bien différents. En un premier sens, il faut distinguer la personne naturelle de la personne fictive ou artificielle, qui se définit par le fait qu'elle représente autre qu'elle-même. En un deuxième sens, la personne artificielle peut représenter quelqu'un ou quelque chose d'autre que son auteur, en vertu d'une attribution fictive ou artificielle au second degré. Enfin, une personne peut se prévaloir indûment d'une autorisation qui ne lui a pas été donnée en réalité ; son autorité est alors fictive ou feinte.

La complexité de la théorie de la représentation est à la mesure de la souplesse qu'elle permet ensuite dans la gestion des attributions. Les cas les plus divers de délégation ou de représentation peuvent être traités à partir de ces concepts. L'application ultime permet de résoudre le problème politique de l'unité de la communauté civile. Une multitude de particuliers peuvent en effet autoriser un même homme, ou une même assemblée, à les représenter non plus seulement distributivement, mais aussi collectivement. Le cas est singulier. En un sens, on a ici une parfaite illustration de la disjonction entre auteur et représenté, c'est-à-dire d'attribution artificielle, puisque si les auteurs sont multiples – ce sont les particuliers – le souverain représente le peuple, entendu comme entité une et personnifiée, c'est-à-dire l'État. Mais la situation est très différente de la représentation d'êtres inanimés. D'abord parce que l'État n'existe pas avant sa personnification, ni indépendamment d'elle, au contraire d'un hôpital, par exemple, qui possède une réalité physique préalable. Ensuite parce que le souverain ne représente pas seulement l'État mais aussi chacun en particulier, parce qu'il est « la personne représentative de tous et de chacun de la multitude » (L, 192). La représentation souveraine dépasse ainsi l'opposition entre attribution vraie et attribution artificielle ; elle les conjugue toutes deux en une forme unique de représentation, qui transmue la multitude éparse en peuple uni.

La théorie de la représentation a d'autres usages que celui de rendre compte de la fondation de l'État, mais c'est surtout avec cet objectif qu'elle est conçue. Elle fournit sa clé à la question de l'unité d'une multiplicité (L, 166). Cela signifie qu'une société ne possède pas à un degré suffisant d'unité immanente, qu'elle soit naturelle, culturelle ou historique. Les nations sont susceptibles de divisions. C'est son représentant qui octroie son unité à la société en en faisant une personne artificielle en tant que peuple, État ou communauté politique.

On mesure tout ce qui sépare la représentation fondatrice de la délégation juridique ou de la représentation parlementaire. Dans celles-ci, le déléguant préexiste à la commission qu'il autorise; il est toujours antérieur et supérieur à son représentant. Le mandat est toujours limité dans son objet (la mission confiée) comme dans sa validité (il est révocable). À l'inverse, le peuple n'existe qu'à travers son représentant, en dehors duquel ne demeurent qu'un agrégat d'individus sans voix ni volonté communes. Il ne saurait donc lui être contraire. Un peuple ne peut jamais se dresser contre son souverain; seul un individu ou une faction en sont susceptibles. En ce sens, la représentation politique est toujours tout ce qu'elle doit être : le peuple ne peut pas être *mal* représenté par son souverain. On comprend ainsi pourquoi cette forme de représentation ne peut connaître aucune sorte de limites, ni dans son objet, ni dans sa validité; elle est absolue (L, 194). Certes, le souverain n'a autorité que pour assurer la paix et la sécurité communes, non pour s'immiscer dans tous les aspects de la vie humaine, mais il devient seul arbitre des moyens nécessaires pour parvenir à cette fin et se trouve donc seul juge du périmètre de sa propre légitimité, ce qui revient à lui confier une autorité « sans restriction » (L, 167).

La fondation absolue de l'État

La conjonction de la procédure contractuelle et de la procédure d'autorisation permet de fonder réellement l'État. La convention finale associe les deux : « j'autorise cet homme ou cette assemblée, et je lui abandonne mon droit de me gouverner moi-même, à cette condition que tu lui abandonnes ton droit et que tu autorises toutes ses actions de la même manière » (L, 177). Le pacte de dessaisissement, à lui seul, résume le trait premier d'une société pacifiée, mais il ne constitue aucun souverain, dont le droit propre serait soutenu par un pouvoir irrésistible. La procédure de représentation constitue le souverain qui conditionne cette paix sociale. Les particuliers ne sont pas simplement soumis à leur souverain, ils s'y identifient. Ce qu'il fait, ce sont eux qui le font ; ce qu'il veut, ce sont eux qu'ils le veulent. Concrètement, le souverain est un homme (ou une assemblée) qui peut vouloir au nom de tous et fort du consentement unanime. Il réalise ainsi ce que le pacte ne parvenait pas à produire : la *mobilisation* des sujets et citoyens au service du souverain. Elle se manifeste d'abord dans le respect ordinaire des lois, puisque chacun s'est engagé à reconnaître les actes du souverain comme étant les siens propres (L, 179). Ensuite dans le service diligent de son administration puisque les actes du fonctionnaire ne sont plus les siens mais ceux du souverain (L, 257) ; cela démine par avance les prétendus conflits de conscience puisque l'éventuelle faute morale qu'ils impliqueraient n'incomberait qu'à l'autorité civile (DCI, 242). C'est le fait de pouvoir compter sur la très grande majorité des citoyens qui donne au représentant la puissance dont il a besoin pour être souverain. Tout comme la réputation de détenir un pouvoir ou le fait d'avoir des amis participe au pouvoir réel d'un individu, la reconnaissance de l'autorité civile et les citoyens eux-mêmes forment le pouvoir réel de l'État. La convention originelle réussit donc finalement à engendrer l'État, personne artificielle mais réelle, dotée de droits, d'actes et d'une volonté propres, dont le souverain est le dépositaire (L, 178).

La fondation absolue de l'État est anhistorique ; elle n'explique pas l'origine réelle des États, dont la plupart sont issus de la guerre et de la conquête. Mais l'État institué a le statut normatif d'un paradigme. L'État acquis par conquête ne procède pas d'un pacte mutuel entre les particuliers, mais il n'est pas non plus l'exercice pur de la domination. Si tel était le cas, l'état de guerre se maintiendrait sous la domination du vainqueur. La paix et l'ordre politique ne sont établis que quand les particuliers « autorisent » le vainqueur à devenir leur représentant (L, 207). La distinction entre l'État d'institution et l'État d'acquisition n'a aucune portée significative, ce qui souligne *a contrario* que la légitimité d'un État n'est pas à chercher dans son origine historique.

De même manière, les différentes formes d'État deviennent secondaires vis-à-vis du principe de souveraineté. Qu'il s'agisse d'une monarchie, d'une aristocratie ou d'une démocratie, un souverain unique possède l'autorité civile absolue, suffisante pour préserver l'État en le représentant. Hobbes avoue n'avoir aucune preuve déterminante pour exclure certaines formes, comme la démocratie. Seules des arguments pratiques penchent en faveur de la monarchie, puisque l'unité du roi est naturelle, alors que l'unité d'une assemblée est artificielle et suppose la règle de la majorité. Le cas de la démocratie pose un problème spécifique en ce que le représenté et le représentant sont identiques : le peuple. Cependant, ce peuple n'a pas d'unité naturelle et est constitué par un pacte mutuel entre les particuliers. Il y a donc une multitude d'auteurs et l'État démocratique est paradoxalement une personne naturelle résultant d'une attribution artificielle.

Quelle que soit sa forme, un État possède le même pouvoir et la liberté des citoyens y est égale : on n'est pas plus libre quand le souverain est une assemblée populaire que quand c'est un roi. Le degré de participation n'est certes pas le même, mais cette participation ne forme pas une liberté, car un vote n'est pas un choix. Un choix se traduit par un acte ; un vote s'intègre à un ensemble qui formera un choix collectif. La volonté d'une assemblée populaire n'est pas moins impérative que celle d'un roi. En revanche, tout pouvoir souverain a une forme, que les citoyens ne sauraient modifier.

La théorie de la souveraineté est indissociable de la théorie de la représentation. Le souverain est souverain parce qu'il représente tous et chacun. Sa volonté est toujours reconnue comme celle du peuple, ou plus exactement le peuple n'a de volonté que celle du souverain qui le représente. La logique de la représentation conduit à affirmer qu'en tout État, c'est la volonté du peuple qui s'impose et qui commande (DCI, 248), même si par peuple il faut entendre la personne artificielle, distincte de l'agrégat des particuliers. En tout état de cause, ce n'est jamais la volonté du roi ou d'une l'assemblée, en tant que tels, qui fait loi. Ôté la fonction représentative, le pouvoir du souverain se dissout.

Ce souverain, en revanche, est aussi absolu que la représentation qui le constitue. La souveraineté ne saurait être partagée, ce qui explique pourquoi un régime mixte est inconcevable. Les prérogatives du souverain se déduisent analytiquement du concept de souveraineté. Elle est illimitée par définition ; aucune loi fondamentale, aucune jurisprudence, aucun droit coutumier n'encadre le pouvoir suprême. Étant l'auteur des lois, le souverain ne saurait être obligé par elles, quoiqu'il puisse juger de bonne politique de servir d'exemple en s'y pliant de plein gré. Au-dessus des lois, il ne peut commettre d'injustice ou de tort, ni être incriminé ou puni. Il est seul juge des moyens nécessaires à la paix et si d'ordinaire il admet en pratique la propriété privée, il lui est toujours loisible, s'il le juge nécessaire, de saisir le bien des sujets, directement ou sous forme d'impôts. Le souverain est certes doublement borné : par la finalité de sa mission (la paix civile) et par sa fonction de représentant, mais il est seul juge de sa propre rectitude.

La liberté des sujets et les droits individuels

Le concept de liberté défini par Hobbes s'applique en principe à des actions, non à des hommes en tant que tels. On peut dire qu'une action est libre, ou qu'un agent est libre d'accomplir telle action particulière, en l'absence d'obstacles extérieurs. Mais une seconde manière de limiter la liberté naturelle semble découler des conventions que les hommes passent entre eux ; lorsqu'ils s'engagent par une promesse valide, les hommes s'ôtent « la liberté d'exécuter ou de ne pas exécuter » (EL, 188). Il n'est pas aisé de saisir l'unité du concept de liberté si elle peut être enlevée aussi bien par une promesse que par un obstacle extérieur. Ne plus avoir le droit d'agir d'une certaine sorte est une chose, ne plus en avoir la liberté en est une autre.

Hobbes explique qu'une convention est valide lorsqu'existe un pouvoir de contrainte en cas de non respect de sa parole par l'une ou l'autre des parties. Peut-on dire alors que l'obligation limite la liberté d'agir en raison de la menace coercitive qui l'étaie ? La réponse est doublement insuffisante. D'abord parce que la menace de contraindre n'est pas la contrainte elle-même : la crainte n'est jamais une entrave à la liberté, Hobbes ne dit jamais autre chose, y compris dans le texte du *De cive* (DCI, 213), qui est parfois mal interprété. Ensuite parce qu'elle occulte la légitimité de l'autorité qui menace. Or si l'on met l'accent sur la logique de la soumission, comme Hobbes le fait en 1640, on est amené à affirmer qu'un sujet ne peut pas être libre : « la liberté est l'état de celui qui n'est pas sujet » (EL, 262).

Pour ces deux raisons, Hobbes est conduit à revoir cette conclusion et à admettre que l'obligation en tant que telle, et non la menace assortie, limite notre liberté. Partant, il est capable de reconnaître une liberté de plus en plus large aux sujets. Trois motifs distincts la fondent.

Le premier vient du fait que la loi n'interfère pas en tous points avec les désirs des particuliers. De par leur finalité, les lois sont cantonnées à la sécurité et à la paix publiques. Les citoyens ne sont donc pas cernés de toutes parts, mais seulement canalisés par la loi. Le but de celle-ci n'est pas d'abolir mais de diriger la liberté des hommes (DCI, 266). Il existe donc une liberté résiduelle, « inoffensive » (DCI, 267) qui s'étend assez loin : celle de vivre dans la tranquillité, dans des conditions favorables non à la simple survie mais à la vie heureuse, et de vivre conformément à ses désirs, dans le cadre de la légalité. Cette liberté provient du « silence de la loi » (L, 232).

Le deuxième vient du fait que, même si l'obligation ôte la liberté, je ne peux jamais être obligé à œuvrer contre ma propre préservation. Même le pacte fondateur ne peut dépouiller un homme de certains de ses droits naturels, qui sont inaliénables. Hobbes a renforcé cette réserve de droits au fil de ses traités : nul ne peut être obligé à se tuer, à s'accuser, lui ou sa famille, à s'exposer, y compris quand la loi le lui commande. Même un soldat a la liberté de refuser de se battre (L, 231) s'il craint de mourir.

Le troisième argument va plus loin que les deux premiers. Ceux-ci, en effet, admettent le principe selon lequel la liberté peut être ôtée par les conventions passées, et plus largement par les promesses valides. Or, Hobbes paraît bien distinguer la liberté « au sens propre », entendue comme absence d'obstacles extérieurs (L, 128 ; 221) et la liberté en un sens figuré, comme droit (L, 128 ; 311). Cette liberté-droit est effectivement entravée par les obligations civiles, mais celles-ci ne sont que des chaînes artificielles, qui n'ont aucune force de leur propre nature (L, 224). C'est pourquoi, à proprement parler, les conventions n'enlèvent pas la liberté des sujets, mais seulement leur droit : « toutes les actions que les hommes accomplissent dans les Républiques par *crainte de la loi* sont des actions dont ils avaient la *liberté* de s'abstenir » (L, 222). Ces affirmations sont cependant rares et Hobbes admet en général que le droit est une liberté, susceptible d'être ôtée par les conventions.

Le gouvernement des hommes

Le souverain, homme ou assemblée, n'est lié par aucun pacte. Il est au-dessus des lois civiles et de toute juridiction et une fois institué ou reconnu, nul n'a de légitimité pour en discuter l'autorité. Certes, il endosse une fonction de représentant, mais cette représentation est absolue, irréversible et incontestable, de sorte qu'il n'a jamais à rendre compte de ses actes ni à remettre en jeu son mandat. Pourtant, le souverain a bien des devoirs. L'administration de la souveraineté se trouve encadrée par les lois naturelles comme par la finalité de sa tâche. Le souverain n'a pas le droit de tout faire. Qu'il soit seul juge légitime de sa propre conduite peut sembler vider ces devoirs de tout effet. Ce n'est pourtant pas tout à fait le cas.

D'un côté, le fait que l'autorité civile ne risque pas d'être contestée est justement ce qui lui permet de remplir au mieux sa mission politique. D'un autre côté, cette exemption de tout contrôle paraît inquiétante. L'enjeu du gouvernement est de répondre à cette tension.

La première limite à la liberté du souverain est d'ordre moral. Les lois naturelles s'appliquent à lui autant qu'aux autres (L, 357). Conformément à la loi fondamentale de nature, il doit donc rechercher la paix partout où elle est possible. Or la paix étant acquise, il a surtout le devoir de la préserver en assumant sa fonction de souverain représentant. La deuxième loi naturelle, qui enjoint de passer convention avec les autres afin de réaliser cette paix, ne s'applique évidemment pas à lui. En revanche, toutes les autres le concernent en tant qu'elles constituent des vertus. Sa conduite se convertit ici en politique. À ce point, la loi naturelle et la loi civile s'impliquent mutuellement puisque la loi de nature oblige à l'institution d'un État régi par des lois, tandis qu'à l'inverse, le souverain se trouve moralement obligé de donner à la loi naturelle la forme et la force d'une loi civile (L, 285).

La deuxième limite à la liberté du souverain réside dans l'accomplissement de sa tâche politique. Veiller au « salut du peuple » implique des conditions qui sont autant de restrictions à la manœuvre de l'autorité civile. Une part importante de ces conditions est comprise dans l'impératif de mettre en place un État de droit. La puissance souveraine doit revêtir une forme légale. L'autorité civile ne saurait agir arbitrairement, sauf état d'exception, au risque de créer une situation d'inquiétude à l'opposé de ce pour quoi elle a été établie. La volonté de l'État ne connaît pas d'autre expression que la loi, que le souverain doit promulguer publiquement et faire connaître aux citoyens (L, 289). Une loi trop discrète n'oblige pas. Du reste, le cadre légal n'est pas seulement là pour fonder l'obligation, il compose la sérénité et une part de la liberté des sujets, en ce sens que nul ne peut être inquiété aussi longtemps qu'il demeure dans les bornes de la loi. Par sa forme, la loi protège ainsi les citoyens; l'exercice de la souveraineté est profondément loyal.

Logiquement, il ne saurait y avoir de crime sans loi (L, 313). La question pénale est traitée avec le même souci de justification rationnelle. Ainsi, toutes les infractions n'ont pas la même gravité (L, 322) et doivent recevoir une sanction proportionnée (L, 335). On connaît en général moins le Hobbes qui s'attache à mesurer au plus juste la responsabilité des particuliers et à relever les excuses, partielles ou totales, dont ils peuvent bénéficier. Le grand principe de la politique pénale consiste à faire de la punition non un viatique pour la rancune, mais un instrument de prévention (L, 333). La vengeance d'État, qui ne vise pas un bien futur, est un acte d'hostilité, non de justice. La punition, au contraire, doit renforcer la crainte, chez le criminel comme chez ses concitoyens, des pouvoirs publics; elle agit comme une cause partielle qui tend à « façonner la volonté » des particuliers à l'obéissance (L, 178; 331; QL, 176). Aussi il est de la responsabilité du souverain de punir à bon escient, sans céder à une mystique punitive.

Le fait que le souverain reste le seul juge légitime de sa conduite n'abolit aucunement la force de ses obligations. D'abord parce qu'il s'agit véritablement de devoirs, qui ont leur fondement ailleurs que dans la souveraineté elle-même. Le souverain ne s'oblige pas lui-même tout simplement parce qu'une auto-obligation n'a aucun sens. Qu'il doive rendre des comptes à Dieu seul n'est déjà pas rien. Mais il y a plus. Ce n'est qu'en se conformant aux exigences d'un État de droit que ses actes sont politiques et non « hostiles » (L, 332). Hobbes envisage ainsi la possibilité que le souverain devienne, non point un tyran, qui ne se différencie pas objectivement d'un roi, mais un ennemi du peuple. Il en est un ennemi lorsqu'il met en péril la paix civile et qu'il devient un sujet d'inquiétude pour celui-là même qui est disposé à la paix. Les sujets retrouvent alors leur liberté naturelle et le droit de se défendre, y compris en tuant cet homme qui ne les protège plus, acte pour lequel Hobbes invente le terme d'« ennemicide » (DCI, 243). L'existence d'un État de droit ne signifie pas, chez Hobbes, que le souverain soit soumis aux lois ; il leur est par essence supérieur. Cela implique bien qu'il dispose d'une certaine réserve de pouvoir qu'il peut exercer en-dehors du cadre juridique ordinaire. Mais un seul motif justifie cette pratique exceptionnelle : le « salut du peuple ».

L'État de droit est l'instrument ordinaire du souverain. À l'inverse de l'état de nature où la crainte est partout présente, l'État et la loi opèrent un partage très net entre un espace de liberté où la crainte disparaît et un espace interdit où elle s'intensifie en terreur (L, 178 ; 334). Tel est le double effet du pouvoir visible du souverain.

LA QUESTION CHRÉTIENNE

La question politico-religieuse

La théorie de l'État élaborée par Hobbes a pour but d'assurer la paix civile. Or celle-ci est particulièrement déstabilisée par les revendications ou les conflits religieux. Il convient donc de montrer en quoi l'État ainsi conçu dissout le différend couramment observé entre l'autorité politique et l'Église, entre l'obéissance civile et l'obéissance à Dieu. La solution de Hobbes ne passe pas par une distinction fonctionnelle entre l'ordre politique, préservant la coexistence physique des biens et des personnes, et l'ordre religieux, visant le salut des consciences. Il faut en effet convaincre les fidèles eux-mêmes qu'ils agissent d'autant plus conformément à la parole divine qu'ils respectent les lois civiles. Leur dire qu'il ne s'agit pas pour eux de faire des concessions, auxquelles beaucoup ne seraient pas prêts, mais d'être encore plus cohérents dans leur foi, en ce qu'elle a de plus intime. Hobbes commence donc par reconnaître l'autorité supérieure de Dieu. Il admet aussi la logique du fidèle pour qui celle-ci prime sur le pouvoir des hommes et pour qui la vie éternelle pèse plus que la vie terrestre (L, 472). La question politico-religieuse est donc pleinement légitime, comme Hobbes le signifie en y consacrant la moitié du *Léviathan*. Mais elle n'aboutit pas à la réponse communément reçue, qui conclut à une tension, sinon un conflit, entre deux formes d'autorité.

Car Hobbes pousse l'argument religieux jusqu'au bout au point d'en renverser les conséquences. Si l'on doit absolument obéir à Dieu plutôt qu'aux hommes, il n'y a aucune raison de se soumettre à un Pape, à un clergé, à une congrégation ou même à son inspiration personnelle. Rien n'est plus humain que toutes ces personnes qui substituent leur parole à celle de Dieu. Notre monde est exclusivement humain, Dieu ne s'y manifeste pas en personne. Il faut pourtant lui obéir, mais comment ? Et cette obéissance prioritaire conduit-elle à remettre en question l'autorité civile ?

On peut distinguer, dans les textes de Hobbes, trois types d'argumentaires différents quoique imbriqués : historique, théologique et théorique. Tous convergent pour démontrer que le souverain a la plus haute légitimité en matière ecclésiastique et religieuse et que la foi la plus ardente implique l'obéissance civile au lieu de l'exclure.

La loi divine et sa manifestation historique

La loi divine surclasse logiquement la loi civile. Tout l'enjeu porte sur la manière dont ces lois se font connaître. Une loi ne crée d'obligation que si elle s'est clairement manifestée, ou si elle a été clairement et légitimement interprétée. Or, de ce point de vue, la loi civile bénéficie d'un avantage sur la loi divine : sa promulgation est publique, ses destinataires sont bien identifiés, ses ambiguïtés éventuelles sont levées par des magistrats reconnus. Supérieure dans son principe, la loi divine ne se fait pas connaître avec une telle clarté.

Pour résoudre cette difficulté, il convient de préciser comment Dieu s'adresse aux hommes. Hobbes commence par distinguer les trois manières par lesquelles il fait connaître ses lois : par la raison naturelle, par inspiration personnelle et par l'intermédiaire d'un prophète (DCI, 293 ; L, 380). Le problème que pose l'inspiration est simple : nul ne peut être son propre témoin. En l'absence de miracles avérés, elle est sans titre. Nul, pas même celui qui la reçoit, ne peut l'authentifier. En ce sens, elle ne se distingue pas d'un rêve (L, 397). Elle n'en est pas moins dangereuse, car l'enthousiaste peut se croire investi d'une mission singulière et se rebeller contre l'État (L, 345). Face à ce qui n'est qu'une forme de folie, la puissance civile n'a alors d'autre option que la contrainte.

Il en est autrement des deux autres modes de communication, par lesquels Dieu a pu transmettre ses lois aux hommes, donnant lieu à deux formes de royauté divine. La royauté naturelle de Dieu est celle par laquelle il gouverne tous ceux qui le reconnaissent, par le truchement des lois naturelles déduites par la raison. Elle ne consiste donc qu'à suspendre la doctrine morale à la volonté de Dieu et à convertir les théorèmes de la raison en commandements. Hormis les règles qui régissent le culte fondé sur la raison naturelle, cette royauté n'ajoute rien qui n'ait été déjà établi par le raisonnement. L'autorité civile n'est donc pas menacée par les obligations naturelles des fidèles.

La royauté prophétique de Dieu implique de son côté une intervention divine dans l'histoire des hommes par le truchement d'un individu. Quelle que soit la forme et le sens de cette venue, la raison ne saurait renoncer à ses droits (L, 395). Ainsi, le titre de prophète doit-il se justifier auprès du public auquel Dieu destine ses lois. Nul n'est obligé par la seule parole d'un prophète, fût-il vrai. Des marques extérieures indiscutables sont requises ; tels sont les miracles que mentionnent les Écritures, et qui sont l'œuvre directe de Dieu pour signifier aux hommes que la parole de cet homme-là vaut la sienne propre (L, 464). Or l'âge des prophètes s'est terminé avec celui des miracles, dont les derniers attestés remontent à la venue du Christ. Depuis lors, les Saintes Écritures remplacent les prophètes dans le rôle de médiation de la parole de Dieu. De manière générale, toute la réflexion théologico-politique de Hobbes repose sur cette idée que la parole divine est toujours médiatisée et focalise son interrogation sur l'identité du médiateur authentique et légitime.

De même qu'un prophète n'est pas son propre garant, les Écritures ne font pas autorité par elles-mêmes. Le choix des textes, leur composition canonique et leur signification quand elles sont ambiguës doivent être fixés ou entérinés par la seule autorité qui vaille, celle du souverain (L, 403). Hobbes en conclut que le souverain chrétien a le monopole de l'interprétation légitime des textes sacrés et l'autorité suffisante pour choisir les livres liturgiques.

Cela ne signifie pas que le souverain se substitue aux Écritures. En être l'interprète n'implique rien de plus que de fixer des incertitudes et de trancher des ambiguïtés. Le texte possède une part de clarté et une force de résistance qui interdisent une lecture arbitraire. Le principe d'auto-rité n'exclut donc pas la recherche de la vérité. On ne comprendrait pas, sinon, de quel droit Hobbes entreprend lui-même une herméneutique des Écritures, cherchant à rétablir les sens des concepts théologiques dans les Écritures : « saint », « Église », « esprit », « ange », « enfer », etc. Si ce point est important, c'est parce qu'il permet justement à Hobbes de dénoncer et corriger les déformations que les théologiens et les ecclésiastiques ont fait subir au message biblique afin de justifier leur propre pouvoir sur les fidèles.

Il en est ainsi du concept de « royaume de Dieu » que rien, dans les textes, n'autorise à entendre en un sens métaphorique ou spirituel (L, 434). Il ne peut se comprendre que littéralement, comme royaume civil de Dieu sur terre. Cette royauté a naturellement une histoire, qui commence avec Abraham et l'ancienne Alliance, se confirme avec Moïse et les grands-prêtres et prend fin avec l'élection de Saül. Le dessein de Hobbes est à la fois de circonscrire historiquement cette époque et de montrer qu'elle ne contredit pas ses principes politiques. Cette royauté est civile parce que politique; elle est également sacerdotale parce que Dieu est lui-même roi, promulguant ses lois positives par l'intermédiaire d'Abraham, Moïse ou Samuel, qui n'ont qu'une autorité déléguée. En vertu de l'ancienne Alliance, ces lois ne s'appliquaient qu'à un peuple particulier, le peuple hébreu. Surtout, l'obligation civile des sujets ne reposait pas moins que maintenant sur leur consentement unanime. Ce consentement est particulièrement remarquable lorsque les Hébreux décidèrent de suivre Moïse, qui n'avait aucun titre naturel, patriarcal, à se faire obéir. Il est celui qui a transformé la royauté de Dieu en république instituée, dotée de lois écrites.

L'époque des rois, initiée par Saül puis David, mit un terme à cette royauté sacerdotale, qui devint purement civile. Les rois étaient alors seuls habilités à interpréter la loi de Dieu puisqu'ils détenaient toute l'autorité. Durant la captivité de Babylone, les Juifs n'avaient pas d'État et à leur retour, la situation était si confuse que Hobbes hésite à parler d'une restauration de la royauté sacerdotale (DCI, 330), préférant admettre leur assujettissement aux autorités grecques (L, 506).

L'histoire enseigne ainsi qu'à toute époque l'autorité civile et l'autorité sacerdotale concordent. Soit que la royauté de Dieu exige l'établissement d'un pouvoir civil qui lui serve de relais, soit qu'à l'inverse la royauté des hommes implique l'appropriation des prérogatives sacerdotales pour s'exercer correctement. Il n'y a jamais eu jusqu'à la venue du Christ de séparation entre les deux autorités. Qu'en est-il depuis l'Incarnation christique ?

Une théologie irénique

C'est après tout dans le Nouveau Testament que se trouve l'injonction à « obéir à Dieu plutôt qu'aux hommes » (Ac, 5, 29). Le christianisme serait-il insurrectionnel par vocation ? Dans les faits, c'est bien en son nom que les guerres civiles ont systématiquement été provoquées (DCI, 173). Il convient donc de se faire quelque peu théologien pour répondre sur leur terrain à ceux qui invoquent la doctrine chrétienne, en particulier dans ses prolongements institutionnels, pour contester l'autorité souveraine.

En retenant la parole du Christ selon laquelle son « royaume n'est pas de ce monde », Hobbes impose une lecture légaliste de la nouvelle Alliance. Familier de la théologie protestante, il en pousse la logique démystificatrice plus loin encore. La théorie calvinienne des trois offices du Christ (voir p. 174) – comme sauveur, pasteur et roi – est ainsi réinvestie pour signifier que la royauté du Christ ne commencera qu'avec sa seconde venue et la résurrection des morts. Le royaume de Dieu sera alors restauré sous sa direction, elle-même subordonnée à la souveraineté du Père. À cet égard comme à d'autres, le Christ a un rôle très proche de celui de Moïse, ce qui n'est pas sans poser d'importants problèmes (L, 513 ; 474). En insistant sur la relative normalité de ce royaume restauré, sur terre, probablement à Jérusalem, pour l'éternité, Hobbes entrave surtout toute tentative de le spiritualiser et il interdit par conséquent de penser une autorité spirituelle concurrente de l'autorité temporelle.

Nous vivons, nous, dans l'entretemps, qui est le temps de la politique humaine. Le Christ a sauvé les hommes par sa vie et par sa mort. Désormais et jusqu'à la résurrection, nous sommes essentiellement les dépositaires de son enseignement et de sa prédication. Enseignement n'est pas commandement : le Christ n'a pas apporté de nouvelles lois. Il a renouvelé la promesse d'un royaume à venir pour ceux qui croiraient en lui et qui se régénéreraient à son exemple (L, 511). On ne saurait cacher néanmoins que le Christ a introduit une inquiétude nouvelle pour le salut. S'il convient de se plier à un mode de vie spécifique ou à un culte particulier pour gagner le royaume des Cieux, ne rend-on pas de nouveau possibles des conflits entre les lois civiles et l'enseignement moral de Jésus ?

Hobbes le nie catégoriquement en s'appuyant sur les Évangiles eux-mêmes. Nulle part, le Christ n'appelle à contester les autorités établies, à commencer par le pouvoir politique : il faut rendre à César ce qui est à César, et à Dieu ce qui est à Dieu. C'est ce qu'ordonne la justice, qui est « la volonté constante de rendre à chacun le sien » (L, 144). Il importe ainsi de cerner ce qui est véritablement nécessaire au salut. Cela se résume à deux clauses : la foi et l'obéissance. Par foi, on entend la reconnaissance que Jésus est bien le Messie annoncé, celui par qui la promesse de la vie éternelle est renouvelée (L, 611). Il forme l'*unum necessarium*, le seul article à croire pour gagner le salut. L'obéissance, quant à elle, ne saurait obliger à de nouveaux commandements, puisque le Christ n'a fait qu'annoncer son royaume futur. L'injonction à obéir ne peut donc concerner que les lois déjà en vigueur : lois naturelles et lois civiles.

Ces deux conditions ne sont pas seulement suffisantes pour le salut, elles sont également nécessaires, ce qui signifie qu'en désobéissant à l'autorité civile sous des prétextes religieux, on désobéit en réalité aussi à Dieu et l'on se damne soi-même.

Tous les autres dogmes, qui distinguent les différentes Églises chrétiennes et les sectes protestantes, ne sont que des constructions non nécessaires au salut et, pour la plupart, des constructions purement humaines. Ils n'ont en général aucun fondement dans les Écritures. Qu'il s'agisse de la transsubstantiation, du purgatoire ou de l'infaillibilité pontificale, on a affaire à des inventions destinées avant tout à substituer l'autorité cléricale à l'autorité de Dieu, à remplacer la lumière du message évangélique par le royaume des ténèbres, à imposer l'obéissance aux hommes contre celle qui est due à Dieu.

L'absorption de l'Église par l'État

L'Église est une institution qui organise le culte de Dieu parmi les hommes. En tant qu'institution, elle ne saurait être l'« Église universelle » des catholiques, qui rassemblent tous ceux qui, au-delà des frontières, professent la même foi et reconnaissent l'autorité du pape, ni l'« Église invisible » des protestants, qui réunit les seuls élus de tous lieux et de tous temps (DCI, 355). En tant qu'institution, l'Église est une structure dotée d'une personnalité unique, d'une volonté unique et de droits propres. Elle n'est unie que parce qu'elle est susceptible de rassembler l'ensemble de ses membres, non pas en esprit, mais effectivement et en un lieu. Aussi, les chrétiens disséminés dans un grand nombre d'États ne forment-ils pas une seule Église mais plusieurs. Le concept de communauté spirituelle ou mystique est vide de sens puisque toute communauté doit avoir les moyens, réels, de son unité. Ces moyens sont ceux de l'autorité, capable à la fois de mobiliser tous et chacun dans ses actes propres, en particulier dans les lois qui gouvernent cette communauté, et d'exercer une juridiction sur eux.

Ainsi entendue, l'Église n'est rien d'autre qu'un État chrétien. La communauté civile et la communauté ecclésiale se superposent exactement. La première constitue un État qui gouverne les particuliers en tant qu'hommes, la seconde forme une Église qui gouverne ces mêmes particuliers en tant que chrétiens. L'autorité civile est donc également la tête de l'Église, sur le modèle exemplaire de Henri VIII. L'Église se moule parfaitement à l'intérieur de l'État. Elle est le nom que prend l'État lorsqu'il exerce sa charge cultuelle. Le souverain en est le chef; il a toute l'autorité pour diriger l'administration de l'Église et ordonner ses ministres, même si, dans les faits, il délègue presque toujours le gouvernement ecclésiastique à des subordonnés, sans jamais aliéner sa suprématie.

Si du point de vue institutionnel, l'affaire se règle ainsi, que peut-on attendre des fidèles? Hobbes répugne toujours à fonder l'obéissance sur la seule contrainte. La pluralité des convictions doit être compatible avec l'ordre public; pourtant, obtenir la paix commune en dépit des opinions religieuses reviendrait à la fois à exiger des fidèles un sacrifice majeur de leurs motivations morales et à fragiliser la stabilité sociale. Il faut que les croyants trouvent dans leur foi elle-même un mobile d'adhésion à la suprématie civile. Or, de ce point de vue, on ne saurait en appeler aux Écritures, puisqu'elles sont précisément sujettes à des conflits d'interprétation sans l'arbitrage de l'autorité civile. L'argument ne peut plus être scripturaire, il doit devenir rationnel. Il s'appuie en fait sur les lois naturelles et divines. Car si de nombreux points de foi font l'objet de désaccord, il en est un qui ne souffre aucune contestation possible, c'est le fait que Dieu n'a pas pu vouloir que sa création se détruise elle-même et que les hommes s'entretuent. Dieu nous commande d'œuvrer à la paix commune et d'en accepter tous les moyens nécessaires ; c'était le sens de la loi fondamentale de nature, qui est aussi loi de Dieu. Or, aux fins de cette paix civile, un souverain doit détenir le pouvoir et la légitimité d'imposer, au besoin, l'uniformité cultuelle et liturgique en son État. L'opportunité d'une telle mesure est jugée par le souverain lui-même ; elle n'est certainement pas systématique. Mais si tel est le cas, chacun est tenu de se conformer au culte commun, quelle que soit son opinion personnelle, et cela non pas seulement en tant que sujet et citoyen, mais aussi en tant que chrétien.

Reste que « la pensée est libre » (L, 471). Un particulier a toujours la liberté de croire ou non à la réalité d'un miracle ou au sens donné à un sacrement, comme l'eucharistie. Mais « quand il s'agit de confesser cette foi, la raison privée doit se soumettre à la raison publique », c'est-à-dire au souverain qui est aussi le chef de l'Église et le lieutenant de Dieu en son État. La foi, « intérieure et invisible » (L, 620) n'empêche donc pas de se plier à la loi commune, fût-elle même celle d'un souverain non chrétien. La vraie religion, elle, est un soutien sans faille de la souveraineté politique.

LES ŒUVRES PRINCIPALES

L'œuvre de Hobbes s'organise globalement en trois groupes de textes. Le premier correspond au projet tripartite des *Elementa philosophiæ* et comporte, outre les trois ouvrages aboutis (*De corpore, De homine, De cive*), plusieurs versions provisoires ou partielles de cette entreprise. Le deuxième groupe contiendrait les seules œuvres politiques, dans leurs refontes successives jusqu'au *Léviathan*; à ce titre, le *De cive* serait au croisement des deux groupes, et une clé d'intelligibilité du parcours de Hobbes, pour qui la doctrine civile a fini par devenir un projet spécifique. Enfin, un troisième ensemble plus disparate comprendrait une série d'ouvrages autonomes qui prolongent les débats suscités par la publication de ses œuvres majeures, sur la liberté, le droit, la guerre civile ou encore les mathématiques. Ces derniers textes, plus courts et plus libres méthodologiquement, prennent souvent la forme d'un débat; soit que Hobbes s'adresse à un interlocuteur précis (Bramhall, Wallis), soit qu'il donne à son ouvrage la tournure d'un entretien (*Behemoth, Dialogue between a philosopher and a student of the Common laws of England, Examinatio et emendatio, Problemata physica, Decameron physiologicum*), une majorité de textes scientifiques conservent néanmoins une présentation déductive.

LES *ÉLÉMENTS DE LA LOI NATURELLE ET POLITIQUE*

L'ouvrage écrit en 1640 comporte une épître dédicatoire datée du 9 mai, soit quatre jours après l'interruption brutale du *Short Parliament*. Il se présente comme une première version, en anglais, des deux dernières sections prévues pour les *Elementa philosophiæ*, à savoir l'anthropologie et la doctrine civile, à l'exclusion de la philosophie première et des principes de la physique, sujets sur lesquels Hobbes peine encore à avancer. Il constitue donc une traduction, sans doute rapide, de brouillons latins déjà suffisamment élaborés et organisés. Le texte n'a pas été publié avant 1650, en deux livres séparés, et n'a circulé en 1640 qu'à l'état de manuscrit, dont il existe aujourd'hui encore plusieurs copies dans les bibliothèques anglaises, sans doute avant même la fin du Parlement. Hobbes s'adresse ici non pas aux lettrés auxquels il destinait son grand œuvre, mais à ses compatriotes, aux parlementaires qui contestent la souveraineté de Charles I er, comme aux conseillers du roi auxquels il fournit des armes théoriques. Quoique rédigés dans l'urgence de la situation politique, les *Elements of Law* sont très rigoureusement structurés en parties, chapitres et articles numérotés, selon la méthode géométrique qui lui paraît la plus à même d'emporter l'adhésion du lecteur.

Dédié à William, Comte de Newcastle (royaliste, cousin de son patron et futur marquis), l'ouvrage se propose de réduire la doctrine civile « aux règles et à l'infaillibilité de la raison ». La raison et la passion produisent en effet deux formes de savoir opposées dans leur nature et dans leurs effets, le « savoir mathématique » et le « savoir dogmatique ». Le premier clôt toute discussion par la force du raisonnement, tandis que le second ne fait que décorer les intérêts opposés de chacun d'un semblant d'arguments, alimentant ainsi la controverse. Parce que les champs de la morale et de la politique sont investis par les intérêts des uns et des autres, l'opinion a fini par croire que la raison n'y avait pas sa place ; il s'agit donc finalement de reconquérir un territoire abandonné à la controverse et exposé à la guerre, afin d'y établir la vérité par la force de la raison et d'y créer les conditions du consensus et de la paix. Mais comment des arguments rationnels pourraient-ils vaincre les passions humaines ? La décision, théorique aussi bien que stratégique de Hobbes, consiste à opérer un détour par l'anthropologie. Une attaque frontale contre les erreurs politiques risque en effet d'être inefficace. Il est plus facile de faire admettre les principes de la nature humaine et, sans en avoir l'air, de contraindre méthodiquement le lecteur à en accepter les conséquences politiques. L'ouvrage se présente donc en deux parties, l'une anthropologique (I à XIX), l'autre politique (XX à XXIX) qui s'enchaînement logiquement.

Première partie

Consacrée à l'anthropologie, elle se développe en fait en deux temps : tout d'abord une étude de la nature humaine, des pouvoirs du corps et de l'esprit, qui se résument à la force physique, l'expérience, la raison et la passion (I à XIII), puis une mise en situation des hommes dans leur condition naturelle, ouvrant la voie aux lois de nature et à la fondation de l'État (XIV à XIX).

Les facultés naturelles de l'homme sont de deux sortes, celles du corps et celles de l'esprit. Les premières, sur lesquelles Hobbes ne s'étend pas, se divisent en puissances nutritive, motrice et générative. Les secondes, auxquelles il va consacrer les chapitres suivants, en puissances cognitive et motrice. Le fait que la puissance motrice relève à la fois du corps et de l'esprit souligne combien le mouvement humain est homogène en ses deux phases et rappelle opportunément que Hobbes se situe dans un cadre matérialiste, où l'esprit n'est qu'une fonction du corps lui-même. Ici dans sa première mouture, l'anthropologie exposée par Hobbes présente déjà un haut degré de maturité, tout en comportant un certain nombre de particularités distinctives, qu'il s'agisse d'aspects de la théorie qu'il abandonnera plus tard en raison de leurs insuffisances, ou d'innovations conceptuelles qu'il développera au contraire ultérieurement en leur donnant une dimension plus ample et plus profonde. L'analyse de la perception s'appuie ainsi sur la thèse de la lumière comme scintillation, mouvement alterné de contraction et de dilatation, qui suppose l'existence du vide, ce qu'il rejettera à partir de 1648. Mais l'étude mécaniste des passions introduit déjà la notion de *conatus* comme petit mouvement interne, dont Hobbes généralisera l'application à l'ensemble de la physique dans le *De corpore*.

Le chapitre XIV opère un tournant en étudiant non plus les hommes en eux-mêmes mais en situation de coexistence. Il faut noter que l'ordre d'exposition des *Elements of Law* n'est pas encore définitif. Hobbes énumère d'abord les trois motifs naturels qui expliquent l'hostilité réciproque des hommes (la méfiance, la gloire et la rivalité), avant d'introduire la question du droit. Le conflit des droits « s'ajoute » à la disposition agressive de la nature humaine, ce qui conduit non seulement à constater l'état de guerre de chacun contre chacun, mais aussi à le fonder en droit. Hobbes prend soin, dans certaines formules, de souligner la contradiction qui affecte une telle condition, en ce sens que « par [l'état de nature], la nature se détruit elle-même ».

Le moment-clé de la fondation de l'État possède aussi des traits particuliers dans l'ouvrage et soulève des difficultés qui conduiront Hobbes à reprendre et approfondir ce point dans les textes ultérieurs. Le moment préparatoire consiste à montrer que l'individu, se trouvant dramatiquement vulnérable à l'état de nature, a besoin d'une « aide mutuelle ». Mais ni un petit rassemblement, ni un rassemblement plus grand ponctuel ne permettent d'assurer la survie de l'individu. Seule une solution maximale peut garantir le salut des hommes ; non un simple concours des volontés, mais une véritable union permanente. Toute la question est alors de se donner les moyens théoriques de définir et de réaliser cette union. Or, de ce point de vue, les *Elements of Law* déploient en vain une grande variété d'hypothèses. Le schéma général comme l'objectif sont clairement établis : il faudrait qu'à une multitude de volontés succède une volonté unique qui les dirige toutes. Mais la signification de l'union et la mise en œuvre d'une instance souveraine restent insatisfaisantes, Hobbes amendant lui-même ses propres formulations.

Ainsi, l'union est-elle définie comme « l'implication ou l'inclusion des volontés de beaucoup [...] dans la volonté d'un seul homme ou d'une assemblée ». Mais puisque les volontés ne sont pas aliénables – la volonté n'est pas volontaire – l'union devrait s'interpréter comme un transfert de forces. Or, comme les forces ne sont pas davantage transmissibles, Hobbes est contraint de se corriger une nouvelle fois en suggérant que le pacte fondateur consisterait en ce que chacun s'obligerait à ne pas résister à la volonté de celui qui serait désigné souverain. La contrainte du raisonnement impose donc cette solution, qui sera admise dans le reste de l'ouvrage. Sa fragilité théorique (voir p. 102) ne sera nulle part dépassée dans les *Elements of Law*, où elle se signale pourtant à Hobbes au point qu'il refondra son explication quelques mois plus tard dans le *De cive*. En 1640, Hobbes préfère ne pas approfondir la difficulté et la contourne en promouvant deux concepts qui sont intégrés à la définition de l'État, celui de « corps politique » et celui de « personne » civile.

Seconde partie

L'union des volontés forme ainsi ce que Hobbes appelle un « corps politique » en général. Il convient de distinguer les « corps politiques » indépendants, autrement dit les États, des « corps politiques subordonnés », c'est-à-dire les corporations, qui ont une existence juridique, dépendante d'une autorité supérieure. L'approche descriptive doit enfin être complétée par une approche génétique, relative à l'origine des « corps politiques », qui se trouvent classés en États par institution, les *Commonwealths*, fondés sur des pactes interindividuels, et en formations naturelles, les structures familiales ou despotiques.

La seconde partie comporte moitié moins de chapitres, mais occupe autant de place que la première. Elle est consacrée, dit Hobbes, à étudier la nature de ces corps politiques et des lois civiles ; en réalité, seul le dernier chapitre aborde directement la question des lois, les neuf autres expliquant la nature, mais aussi la diversité des formes d'États ainsi que les devoirs respectifs des sujets et des souverains. Hobbes privilégie clairement l'examen du *Commonwealth*, de l'État institué, réservant deux petits chapitres à la domination du maître sur ses serviteurs et des parents sur leurs enfants.

La manière dont Hobbes conçoit l'institution politique apparaît quelque peu ambivalente ; elle est radicale – une « création de l'esprit humain à partir de rien » (XX, 1) – et pour cette raison-même, elle se trouve paradoxalement peu substantielle : le corps et la volonté du *Commonwealth* sont ainsi simplement « fictifs » (XXI, 4). Hésitant sur son statut ontologique, Hobbes est en revanche résolu à lui accorder une nature, qu'il entend définir à partir de la souveraineté. La liste des cinq attributs de la souveraineté est la suivante : le pouvoir coercitif et le pouvoir de déclarer la guerre, qui s'impliquent mutuellement, le pouvoir judiciaire et le pouvoir législatif, enfin celui de nommer les officiers publics. Parce qu'un tel pouvoir est absolu, au-dessus des lois et de la justice, l'idée d'une souveraineté limitée ou mixte est erronée, seule l'administration déléguée du pouvoir, à laquelle Hobbes n'accorde pas de longs développements, peut être distribuée en plusieurs instances.

Il n'existe que trois sortes de *Commonwealth* ou de gouvernement (Hobbes ne fait pas de distinction ici) : la démocratie, l'aristocratie et la monarchie, selon que la souveraineté est détenue par le peuple assemblé, par une minorité d'optimates ou par une personne particulière. La question de l'origine de ces formes de gouvernement est rouverte dans la mesure où, si la démocratie ne suppose qu'un seul acte conventionnel, l'aristocratie et la monarchie semblent impliquer en outre un choix quant au bénéficiaire des engagements de chaque particulier : pourquoi ceux-ci plutôt que ceux-là, celui-ci plutôt que celui-là ? Ce choix ne peut être que l'œuvre d'une volonté collective préalable et c'est pourquoi Hobbes soutient en 1640 que la démocratie est la première forme de gouvernement, préalable à toute aristocratie ou à toute monarchie. Cette thèse sera abandonnée dans les textes ultérieurs, car elle place sur le même plan la question de principe de la souveraineté et la question pragmatique du nombre de ses détenteurs. Mais en 1640, Hobbes se trouve contraint d'historiciser quelque peu la genèse des formes aristocratiques ou monarchiques et de justifier les mobiles qu'auraient pu avoir les citoyens d'une démocratie de renoncer au gouvernement populaire. De même, la comparaison des trois formes de gouvernement prétend au même degré de certitude démonstrative que le reste. Elle se résume en fait à évaluer l'aristocratie et la monarchie, le gouvernement populaire étant tout de suite disqualifié comme « gouvernement de quelques orateurs ». Le dessein de Hobbes est de montrer que tous les inconvénients de la monarchie se retrouvent à un degré plus important dans l'aristocratie. En ce sens, les *Elements of Law* se présentent, plus clairement qu'aucun autre texte de Hobbes, comme une défense en faveur de la monarchie, de même qu'ils entrent plus franchement dans les débats politiques qui secouent l'Angleterre. La perspective anticipée de la guerre civile y prend d'autant plus une force menaçante.

Dans la mesure où l'État est une construction, il se prête à une étiologie de ses phénomènes internes, dont le plus important reste la rébellion. Celle-ci a donc des causes déterminées et concourantes, qu'il faut connaître pour pouvoir les prévenir. La première est le mécontentement des particuliers, la seconde est l'influence d'opinions séditieuses qui inclinent à croire qu'il existe un droit d'insurrection, la troisième est l'espoir de réussir, enflammé par quelques figures éloquentes dont le pouvoir de nuisance est inversement proportionnel à leur sagesse. Cette fragilité de l'État et de la paix explique que le souverain ait l'obligation, morale et divine, mais évidemment pas civile, de veiller au « bon gouvernement » du peuple. L'intérêt personnel et le devoir se conjuguent pour motiver ceux qui détiennent l'autorité souveraine, à s'efforcer autant qu'ils le peuvent au salut du peuple, défini comme loi suprême. « La fin de l'art est le profit » et Hobbes fait le pari que l'intérêt du souverain recoupe celui du peuple. Cet argument, dont la force peut être discutée, vient en renfort de prescriptions morales et religieuses qui obligent le souverain à veiller au bien matériel et spirituel de ses sujets, à déraciner les opinions séditieuses, comme à les défendre militairement.

L'analyse des lois est quant à elle rapidement brossée en fin d'ouvrage. Hobbes y définit la loi en la distinguant de la convention, du conseil et du droit, avant d'en détailler les divisions en lois divines, naturelles et civiles, les deux premières étant au fond identiques.

LES *ELEMENTA PHILOSOPHIÆ* (1642-1658)
DE CORPORE (1655), *DE HOMINE* (1658), *DE CIVE* (1642, 1647)

Les *Elementa philosophiæ* forment le grand projet systématique de Hobbes, celui qui l'a occupé plus de vingt ans et qui témoigne de son parcours en philosophie, depuis ses premiers pas jusqu'aux dernières synthèses. Les ouvrages ultérieurs, certes encore nombreux et parfois significatifs, n'auront cependant plus ce caractère organique. Hobbes raconte avoir conçu son programme au retour de son séjour sur le continent en 1636 ; le plan en trois sections – *De corpore, De homine, De cive* – est immédiatement fixé et rend compte de la progression de son sujet d'étude. En un premier temps, les principes de la connaissance et de la physique s'organisent autour du mouvement, qui explique la diversité des phénomènes. Ce sont ensuite les mouvements intérieurs à l'homme, c'est-à-dire les facultés intellectuelles et affectives spécifiquement humaines qui sont à expliquer. La troisième section étudie l'homme en tant que membre de l'État, les origines de la justice et les bienfaits de la politique.

La réalisation de ce programme, étendue sur une si longue période, a été manifestement plus difficile que Hobbes ne l'avait imaginée. Alors même qu'il s'est immédiatement mis au travail à la fin des années 1630, esquissant les premières versions de sa logique, de sa physique, de sa physiologie et de sa doctrine éthique et civile, le contexte politique l'a poussé à bouleverser l'ordre de parution des sections. Le *De cive* paraît ainsi le premier en 1642 puis, dans une version annotée, préfacée et légèrement corrigée, en 1647. La correspondance de Hobbes révèle que celui-ci eut de la peine, ensuite, à achever le *De corpore*, finalement publié en 1655. Il fallut enfin attendre 1658 pour qu'il fasse paraître le *De homine*, ouvrage dont l'unité reste problématique.

Au fil de ses recherches, Hobbes fut néanmoins conduit à revenir sur certains points déterminants de son projet. Il en est ainsi de l'organisation tripartite de la philosophie, qui perdit en force de conviction lorsque Hobbes mit au jour l'autonomie possible de la doctrine civile, de sorte que la philosophie apparut alors constituée de deux volets : la philosophie naturelle et la philosophie politique. De plus, alors que les trois sections prévues étaient censées être non pas séparées mais connectées les unes aux autres, la bipartition de la philosophie introduisait une césure qu'il était désormais problématique de résorber. Le *De homine* porte ainsi les stigmates de cette difficulté et intériorise l'unité précaire de la philosophie en son sein, ce « précipice », comme le dit Hobbes (DH, 177) qui divise l'ouvrage en deux parties hétérogènes, l'une consacrée à l'optique, l'autre formant une psychologie sociale préparatoire à la théorie politique.

DE CORPORE

Hobbes, selon ses propres dires, s'est mis à la rédaction du *De corpore* dès après la première parution du *De cive* et y a travaillé les quatre années suivantes. Nous possédons de cette époque plusieurs esquisses ou versions préparatoires, en particulier sur ce qui deviendra les deux premières parties de l'ouvrage. Après une interruption qui dure de 1646 à 1651, il a repris et achevé la composition de l'ouvrage. Celui-ci comporte quatre parties. La première intitulée « Logique » est épistémologique et énonce les conditions de la connaissance. La deuxième forme la « philosophie première » et pose les premiers principes de la philosophie de la nature. La troisième aborde l'étude mécaniste du mouvement et expose la géométrie physique qui en résulte. La quatrième, enfin, rend compte de la perception du monde chez l'être sentant, animal ou humain.

Première partie : la logique

L'ouvrage commence par une apologie de la méthode. Comme le blé ou la vigne, la philosophie est naturelle et spontanée mais requiert une discipline pour être pleinement fructueuse. La logique précède donc la philosophie première puisqu'elle livre les règles du raisonnement correct. La philosophie a un objectif – connaître un effet par sa cause et connaître une cause possible à partir de son effet – et une méthode, le raisonnement qui consiste en rien d'autre qu'à computer, c'est-à-dire à additionner et soustraire des idées. On ne saurait cependant présenter la philosophie sans la justifier, c'est-à-dire sans la reconduire à son utilité. Connaître les relations causales entre les phénomènes a pour finalité dernière d'intervenir efficacement sur eux et d'exercer ainsi un pouvoir ou réaliser une action. Les commodités de la vie, toute la civilisation au fond, dérivent de la science naturelle, qui elle-même repose sur la géométrie. Ce fondement premier requiert à son tour, non comme un principe mais comme sa condition d'existence, la philosophie morale et politique qui seule affermit la paix entre les hommes. La doctrine civile et morale, en ce sens-là, est donc véritablement première car sans elle, les hommes ne bénéficient même pas du loisir qui permet de philosopher. Si l'on passe du critère de l'utilité à celui de l'objet, la philosophie politique se distingue également. La philosophie étant la connaissance de tout corps susceptible de génération, Hobbes prend acte de la distinction radicale entre deux genres de corps, les corps naturels – « matériels » au sens premier du terme – et les corps politiques qui sont produits par les volontés accordées des particuliers. De là, les deux parties de la philosophie, naturelle et politique, et le hiatus annoncé entre le *De homine* et le *De cive*.

Si le raisonnement est en principe possible sans discours, c'est seulement avec le langage qu'il commence véritablement à se déployer. Penser, c'est penser accompagné de mots. Ces derniers sont à la fois marques et signes, aides à la mémoire personnelle et moyens de communication. Le mot est conçu comme arbitraire et renvoyant non aux choses mais aux conceptions que nous formons. La logique sémantique que présente Hobbes est d'inspiration ockhamienne et plus largement nominaliste ; elle inclut une typologie lexicale, une théorie des propositions et du syllogisme ainsi qu'une explication du raisonnement faux. Une originalité concerne la manière dont Hobbes pense la vérité propositionnelle. Une proposition qui relie deux termes est vraie lorsque le second comprend le premier, c'est-à-dire qu'il est le nom de tout ce dont le premier est aussi le nom.

La logique, cependant, ne fait qu'ordonner les mots. Elle n'est pas encore la philosophie qui, elle, repose sur des arguments. Le point de départ de la connaissance réside toujours dans les sens, mais seul le raisonnement discursif fournit l'élément explicatif qui caractérise la philosophie. Il existe deux types de méthodes : analytique ou synthétique. L'analyse consiste à partir d'un donné et à le résoudre en ses éléments plus généraux. Ces éléments ne sont évidemment pas des choses ou des qualités réelles, mais les termes plus généraux qui entrent dans la définition du terme donné. L'or se décompose en solide, visible et lourd. La synthèse, quant à elle, s'appuie sur des définitions et compose démonstrativement les conséquences qui résultent de causes particulières. Elle suit les mouvements qui causent les phénomènes étudiés. La connaissance progresse donc selon un ordre déterminé. La géométrie est synthétique, puisqu'elle donne à connaître les propriétés des figures à partir de leur construction. Et selon la même méthode sont découvertes la physique et l'étude de la nature humaine.

En revanche, la philosophie politique peut être soit déduite synthétiquement de l'anthropologie, soit analysée à partir de l'expérience interne, ce qui signe en quelque sorte sa possible autonomie épistémologique.

Deuxième partie : la philosophie première

La science commence donc avec la philosophie première, qui établit les principes de notre expérience possible du monde. À supposer que le monde soit annihilé, nous conserverions mémoire et imagination, idées et fantasmes. Nous pensons donc non pas les choses directement mais à partir de leurs représentations. L'image est distincte de la chose dont elle est l'image, tout en la présentifiant hors de nous. Il y a, dans la représentation mentale, un phénomène de projection hors de soi qui nous fournit l'une de nos premières idées, celle d'espace. L'espace est donc de prime abord un pur fantasme. Le temps est du même ordre puisqu'il est le fantasme de l'avant et de l'après dans un mouvement perçu. Espace et temps sont ainsi indépendants de l'existence du monde. Mais ils ne précèdent cependant pas la perception du mouvement, véritable principe et moteur de la connaissance.

À l'inverse du temps et de l'espace, il existe dans nos représentations un renvoi à ce qui ne dépend pas de nous, la chose elle-même, ce que l'on appelle un « corps ». Hobbes est ainsi conduit à distinguer l'espace réel, *magnitudo*, qui n'est rien d'autre que l'extension d'un corps, de l'espace imaginaire, *locus*, qui est l'imagination d'un lieu abstraction faite du corps qui l'occupe. Hors de nous, il n'existe donc ni spatialité abstraite (d'un point de vue ontologique), ni espace vide (d'un point de vue physique). Seulement des corps étendus. Il y a mouvement lorsqu'un corps abandonne continûment un lieu pour un autre. C'est de ce mouvement, et par abstraction de certaines considérations particulières, que naissent les idées de ligne, de surface, de profondeur, de vitesse.

Ce qui n'est pas un corps est un accident. L'accident, cependant, n'est pas une partie du corps ; attribué au corps, il n'est qu'une manière de le concevoir et de le qualifier. L'unique réalité est donc le corps étendu, que nous qualifions diversement en raison de certaines particularités corporelles objectives. Un corps peut ainsi « posséder » plusieurs qualités. Il peut aussi engendrer de nouveaux accidents en un autre corps ; on appelle alors agent le corps qui affecte et patient le corps affecté. Les idées de cause et d'effet en dérivent. La cause n'est pas l'agent, mais un ensemble d'accidents à la fois dans l'agent et dans le patient. Il faut en effet leur conjugaison pour produire un effet donné, c'est-à-dire pour former une « cause entière ». Par définition, toute cause entière est à la fois suffisante pour produire son effet, et nécessaire pour le produire.

La logique nominaliste de Hobbes détermine sa théorie des accidents ; elle commande également sa résolution des problèmes ontologiques classiques, comme celui du principe d'individuation. Dans quelle mesure peut-on dire qu'une chose reste la même bien qu'elle puisse changer par ailleurs ? Qu'en est-il du fleuve qui s'écoule, du bateau de Thésée qui se renouvelle sans cesse ? La réponse de Hobbes n'est pas uniforme. Il faut d'abord, dit-il, connaître la raison des appellations. Le mot « eau » désigne une matière ; elle restera même « eau » quelle que soit sa forme. Le mot « fleuve » désigne une forme ; il restera même fleuve quelle que soit l'eau qui s'écoule. Le mot « État » désigne une institution ; il restera même État quels que soient les individus qui l'occupent.

Les principes de la philosophie passent ensuite par l'étude générale de la quantité, de la proportion et des figures de base de la géométrie. La quantité est une dimension délimitée quelconque ; elle apparaît d'abord aux sens (*quantitas exposita*), mais elle peut surtout être mesurée (*quantitas comparata*). Les comparaisons donnent lieu à des proportions et à des proportions de proportions, c'est-à-dire à des analogies, hyperlogies et hypologies. Nous sommes alors à même de comparer entre eux lignes, surfaces, solides, temps, mouvements, vitesses et nombres, c'est-à-dire d'élaborer une géométrie générale.

Troisième et quatrième parties : la géométrie et la physique

La troisième partie, la plus longue, forme la section proprement géométrique. Hobbes y expose une série de démonstrations qui tentent de rivaliser avec le modèle euclidien et de dépasser la géométrie de son époque. Les prétentions de Hobbes découlent de ce qui le sépare méthodologiquement du grand géomètre grec. Tout d'abord, la revendication d'une méthode plus aboutie. Parmi les principes retenus, Euclide retenait les définitions, les axiomes et les postulats. Hobbes écarte d'abord axiomes et postulats. Les premiers sont parfaitement indémontrables et la volonté de les poser d'autorité est souvent le signe d'un esprit dogmatique, voire trompeur. Les seconds sont des règles de production des figures et non des principes de connaissance.

Seules demeurent donc les définitions (DCO, 1, 3, 9). Et encore celles-ci sont-elles profondément remaniées conformément à la philosophie première préalablement exposée : un point n'est pas ce qui n'a pas de quantité, mais ce dont la quantité n'est pas prise en compte, une ligne n'est pas une longueur sans largeur, mais ce qui est produit par le déplacement d'un point. Une autre spécificité de la géométrie hobbesienne est donc qu'elle est constructiviste et qu'elle prétend que l'on élabore des démonstrations par des opérations géométriques, c'est-à-dire finalement par des mouvements spécifiques. C'est armé de cette méthode-là que Hobbes entend établir plus fermement qu'ils ne l'étaient des théorèmes déjà reçus, mais aussi résoudre enfin des problèmes qui ont résisté aux efforts des savants jusqu'alors. Les exemples de la démonstration de la quadrature du cercle et de la trisection de l'angle (DCO, 3, 20) montrent à la fois l'ambition illimitée de Hobbes en la matière et la faiblesse de sa démarche. Wallis se jettera sur les erreurs patentes de la troisième partie du *De corpore* pour la ridiculiser et Hobbes purgera la traduction anglaise des étourderies les moins défendables, tout en attaquant son adversaire.

La partie déductive se clôt avec la troisième partie. La géométrie constructiviste a établi les lois formelles du mouvement. Les mouvements réels, qui déterminent les phénomènes naturels, s'adossent donc à la géométrie comme à leur forme générale, mais ils ne peuvent être connus par la pure démonstration puisque nous ne sommes pas les auteurs des phénomènes comme nous le sommes des constructions géométriques. La méthode doit donc changer et prendre son point de départ dans la perception. Les conséquences sont importantes puisque nous percevons des effets, non des causes ; il s'agit dès lors de remonter des effets perçus aux causes possibles. La reconstitution du lien de causalité demeure irréparablement hypothétique. Mais étant admis le cadre de probabilité qui est le sien, la physique reste capable d'étudier la nature de manière rigoureuse. Non pas parce qu'elle aurait recours à la démarche expérimentale, que Hobbes rejette, mais parce qu'au contraire elle procède par un raisonnement correct sur les phénomènes observés.

L'ordre de développement de la physique se trouve commandé phénoménologiquement : puisque tout phénomène se donne à percevoir, c'est la perception, ou plus exactement la phénoménalité elle-même, qui doit être étudiée en premier lieu. Il faut entendre par là que la sensation est un phénomène physique et naturel, qui donne la clé des autres phénomènes. L'explication mécaniste rend compte de la sensation comme mouvement, dans le sujet sentant, et plus exactement comme réaction, résistance ou *conatus* du mouvement vital à l'endroit d'un mouvement extérieur propagé depuis un objet jusqu'au sens. C'est donc la sensibilité de l'être vivant, et pas spécialement de l'homme, qui se trouve ainsi étudiée, même si Hobbes va empiéter en quelque sorte sur des thèmes qui seront redéveloppés dans le *De homine*, dans un cadre plus anthropologique. C'est le cas des prolongements affectifs et volitifs de la sensation : le plaisir et la peine, le désir, la délibération et la volonté.

Dans un second temps, l'analyse se porte sur le monde des phénomènes perçus. Les limites spatiales ou temporelles sont hors de notre portée et Hobbes décide que ce n'est pas au savant mais au politique d'arbitrer – s'il le faut vraiment – la question de la finitude du monde physique. Les explications que Hobbes donne des divers phénomènes sont, de son propre aveu, seulement plausibles. C'est sans doute vrai de son opposition à l'existence du vide : le fait que l'eau contenue dans une paille ne coule pas si l'on bouche l'extrémité supérieure de son doigt est un « signe », dit-il, de l'absence de vide dans l'air extérieur. C'est aussi le cas des mouvements astronomiques, des marées, des phénomènes lumineux et des couleurs. À la différence de Wallis, qui s'interdisait de rendre compte de la gravitation pour se focaliser sur la description et la mesure du phénomène, Hobbes soutient qu'il revient justement au savant de proposer des explications, fussent-elles seulement possibles. La chute d'un corps serait ainsi due, aux yeux de Hobbes, à une puissance non du corps en chute, mais de la Terre qui produit en cet objet un *impetus*. Quoi qu'il en soit, conclut-il, il ne s'agit ici que d'exposer les causes probables et intelligibles, qui n'en excluent aucune autre si ce n'est celles qui sont contraires à la raison et aux règles assurées de la géométrie.

DE HOMINE

Les difficultés liées à la composition de cette section ont déjà été mentionnées. Elles expliquent en partie sa publication tardive. Il se peut, comme certains l'affirment, que Hobbes ait tenu à faire paraître cet ouvrage afin de compléter au moins formellement les *Elementa philosophiæ*, malgré son caractère hétérogène. Le livre n'est cependant pas si incohérent dans la mesure où l'optique présentée dans les premiers chapitres (2 à 9) est moins une physique de la lumière qu'une psychologie de la vision humaine. Aussi importante que soit la place de la géométrie dans les explications données par Hobbes, elle reste subordonnée à une phénoménologie subjective de la perception visuelle et prend en compte l'activité mentale de l'observateur. C'est pourquoi elle se trouve à bon droit dans une anthropologie, en préalable à la théorie des affects (chap. 10 à 14). L'ouvrage est encadré par deux chapitres singuliers, l'un servant d'introduction générale et établissant l'origine et la nature du genre humain (chap. 1), l'autre faisant office de transition avec le *De cive* en présentant le concept d'homme « artificiel » (*homo fictitius*), c'est-à-dire le processus de personnalisation et de représentation, nécessaire à la doctrine de l'État.

Le *De homine* est l'étude de l'homme, or les hommes n'ont pas toujours existé ; ils ont donc une origine et celle-ci ne peut qu'être conjecturée à partir du principe premier, le mouvement. Hobbes retient la description que Diodore de Sicile a faite de la genèse du monde et la rattache à une explication mécaniste possible, où le mouvement joue une fonction de différenciation entre les éléments, terre et ciel, soleil et planètes, terre et mer. Quels qu'ils aient été, les échanges entre les corps différenciés ont produit les êtres vivants, hommes inclus. La fabrique du corps humain, dans ses phénomènes strictement biologiques – la préservation de la vie par la circulation sanguine, la mort par l'arrêt de cette même circulation, la procréation – répond à une formation intelligible dans son principe, quoique hypothétique dans son détail.

Concernant la vision, Hobbes distingue généralement deux phases : l'illumination, c'est-à-dire le phénomène physique de propagation de la lumière, et l'apparition de l'image mentale, fruit de la résistance du mouvement vital à la pression externe. C'est cette dernière qui est étudiée ici. En même temps que l'image est formée par cette réaction, elle est fictivement placée hors de soi,

projetée en un « lieu apparent ». Hobbes appelle ligne
visuelle la direction que prend cette réaction oculaire,
dans laquelle l'objet se trouve ainsi perçu. Dans la
mesure où seule la ligne visuelle qui se trouve strictement
perpendiculaire à la surface oculaire offre une perception
claire, il faut que l'œil soit en perpétuel mouvement afin
de balayer l'ensemble de l'objet à percevoir. C'est ainsi
que Hobbes révèle l'activité subjective de l'observateur
dans le processus de la vision. Il s'agira donc de rendre
compte de ce qui détermine le lieu apparent des images,
dans la vision directe (chap. 3), dans la vision d'une
représentation en perspective (chap. 4), dans la vision
réfléchie (la catoptrique : chap. 5 et 6) et dans la vision
réfractée (la dioptrique : chap. 7, 8 et 9). L'utilisation
de la géométrie doit venir expliquer pourquoi le lieu
apparent ne coïncide pas avec le lieu réel, en d'autres
termes pourquoi nous ne voyons pas les choses là où elles
sont. Elle rend cette étude démonstrative et *a priori*, au
moins en partie.

La doctrine des affects, quant à elle, doit s'appuyer
sur l'expérience seule, ce qui la rend plus facile d'accès.
Elle commence par ce qui fait la distinction spécifique
de l'humanité, le langage. Il est triplement bénéfique,
puisqu'il permet de compter et donc de penser, de
s'informer mutuellement et, surtout, de commander. Il est
ainsi la condition même de la paix civile. Mais il possède
aussi deux inconvénients : il propage au moins autant
l'erreur que la connaissance et il facilite la réception,
alors purement langagière, de propos absurdes.

Le langage rend possible la science, qui est une
connaissance des rapports de causalité : soit une connaissance de l'effet à partir de la cause, soit une connaissance de
la cause possible à partir de l'effet. La première démarche

est évidemment la plus sûre, elle concerne au premier chef la géométrie, science démontrable et *a priori*. La seconde est épistémologiquement inférieure, empirique et *a posteriori*. La physique relève indiscutablement de celle-ci en ce sens qu'elle doit prendre son point de départ dans l'observation des phénomènes pour en reconstituer le mode possible de production. Néanmoins, puisqu'elle suppose et utilise la géométrie, elle intègre aussi une part de démonstration et peut être qualifiée de mathématique mixte. La science éthique et politique, qui étudie le juste et l'injuste, l'équitable et l'inéquitable, bénéficie quant à elle pleinement du statut de science démontrable *a priori* puisque les hommes sont les auteurs des normes morales et légales et qu'ils peuvent parvenir à une connaissance génétique de celles-ci.

C'est à une anthropologie mécaniste que sont consacrés les chapitres suivants (11 à 13). Il n'est pas étonnant que Hobbes parte du mouvement spécifique à l'être vivant, qui est aussi le principe fondamental de la nature humaine, l'appétit. Dans la mesure où celui-ci n'a pas de caractère représentatif, il ne s'explique pas par un mouvement interne de réaction. Il est plutôt une passion produite, dans le sujet, par un objet des sens. Pour cette raison, nous subissons nos désirs, nous ne les maîtrisons pas. Par eux, nous nous rapportons à des objets que nous nommons des biens, mais nos capacités bornées d'anticipation introduisent une distinction entre notre bien réel et notre bien apparent. Au bien fondamental que forme notre préservation sont subordonnés tous les autres, considérés comme des moyens de garantir notre préservation future : une puissance plus grande, des amis, la richesse, la sagesse ou un savoir singulier. De fait, dans le *De homine*, Hobbes brosse le tableau d'une nature humaine particulièrement égoïste où tout devient instrument au bénéfice de l'intérêt personnel : voir un homme souffrir serait agréable, voir un homme se réjouir ferait souffrir. La place de la concurrence entre les individus s'y trouve marquée sans nuance. La beauté elle-même n'est que l'indice du bien et revêt dès lors des atours plus moraux qu'esthétiques.

Le traitement des passions, ou affects, connaît aussi avec le *De homine* une certaine inflexion puisqu'elles sont immédiatement considérées comme des perturbations de l'esprit. L'inspiration cicéronienne, et plus largement stoïcienne, de ce chapitre peut étonner ; absente des *Éléments de la loi* comme du *Léviathan*, elle trouvait néanmoins déjà une place discrète dans les deux autres sections des *Elementa philosophiæ*. Laissées à elles-mêmes, les passions sont sans mesure ; elles ont besoin d'être apprivoisées par la raison. Ce n'est pas que la raison puisse dominer directement les appétits, mais la résistance de la raison à la manipulation que les affects tendent à induire lui permet de les modérer. L'analyse des passions conduit Hobbes à révéler leur nature profondément sociale : les rapports d'imitation ou de comparaison sont en effet au cœur de leur genèse.

La vie humaine est animée par divers appétits ; elle est aussi le lieu où se structurent certaines propensions durables à agir de certaine manière. Ainsi se forment les *ingenia* ou dispositions d'esprit, et les *mores* ou mœurs. Hobbes identifie six sources : le tempérament physio-logique, l'habitude acquise, l'expérience engrangée, les biens de fortune, l'opinion que l'on a de soi-même et l'autorité accordée à certains modèles. Ces forces formatrices des conduites humaines conjuguent donc le plus physique – la mobilité des esprits animaux – au plus social – l'influence des auteurs ou des théologiens. Les mœurs contiennent en elles-mêmes une dimension normative, mais celle-ci se rapporte naturellement au sujet, seul habilité à régler sa conduite tant qu'aucune société civile n'a été établie. C'est alors que l'on bascule de l'homme au citoyen et à une mesure commune de la vertu. Il ne peut certes pas y avoir de science des mœurs naturelles, car il n'existe pas de norme naturelle générale, mais il existe une science des mœurs civiles puisque celles-ci sont ordonnées à une règle commune.

Parmi les passions, Hobbes en mentionne une qui joue un rôle séminal dans le développement de la religion, l'admiration, inévitable pour qui observe le spectacle du monde. Elle pousse non seulement à admettre l'existence de Dieu, mais aussi à reconnaître qu'il est créateur de la nature et dispensateur des biens et des maux. C'est le germe de la religion naturelle et de toutes les religions positives. Réduite à son expression la plus simple, la religion implique d'une part la foi en Dieu et en son gouvernement universel et d'autre part le culte, par lequel on signifie par des actes notre piété à son endroit. Dans les religions historiques, le contenu de la foi est plus spécifique que son fond naturel ; il concerne en particulier la nature divine, qui dépasse nos capacités de connaissance. La science étant hors jeu sur des questions pareilles, le risque de controverses voire de conflits insolubles entre les croyances est considérable. La seule commune mesure de la foi, hormis la piété naturelle, doit donc être la loi. Le culte peut être privé ou public ; dans ce dernier cas, c'est aussi l'État qui en fixe les modalités acceptables, car outre le cas particulier des Juifs, Dieu n'a jamais ordonné lui-même les signes d'honneur qui devaient être manifestés. Mais quel que soit le cadre civil qui puisse être imposé à la pratique religieuse, elle n'est rien sans une piété sincère. C'est pourquoi les institutions religieuses doivent être exemplaires et présenter les marques d'une grande cohérence. Rien ne décrédibilise plus la religion vraie que l'absurdité de certains dogmes ou la contradiction patente entre les discours du clergé et ses actes.

L'anthropologie des derniers chapitres a révélé toute sa dimension sociale. Les passions, les mœurs, les convictions religieuses se complexifient au gré des relations interhumaines. Le dernier chapitre poursuit cette direction et fait la jonction avec le *De cive*. L'homme rompt avec la nature non seulement dans sa conduite, mais aussi dans son statut. En contexte civil, l'homme est une personne, un être à qui l'on attribue certaines paroles et certains actes ; il peut être une personne « naturelle », quand ce sont les siens, ou une personne artificielle, quand ce sont les paroles et les actes d'un autre agent. À la différence du *Léviathan*, la personne est donc ici définie comme étant de prime abord le représenté plutôt que le représentant ; la représentation ayant cependant essentiellement pour but de faire circuler les identités, l'exposé du *De homine* ne rompt pas avec la version donnée en 1651.

DE CIVE

Dernière section des *Elementa philosophiæ*, mais première à avoir été publiée, le *De cive* présente la doctrine civile correspondant globalement aux chapitres 14 à 29 des *Elements of Law*, rédigés quelques mois auparavant. Les thèses y sont pour l'essentiel reprises, souvent développées. La nouveauté tient d'abord dans l'organisation, ensuite dans une conceptualité améliorée, enfin dans la place réservée à la religion. L'œuvre comporte trois parties. La première porte le nom de « Liberté » et rend compte de l'état de nature et des lois naturelles. La seconde – « Souveraineté » – commence avec la fondation de l'État et en présente les propriétés et les espèces, ainsi que la théorie des droits, des devoirs, des lois et des fautes. La troisième, sous le titre de « Religion », est inédite et offre l'étude des rapports entre politique et religion eu égard aux trois formes de royauté que Dieu a pu exercer sur les hommes : royauté naturelle, royauté selon l'ancien pacte ou l'ancienne Alliance et royauté selon le nouveau pacte ou l'Alliance renouvelée dans le Christ.

Le *De cive* possède une structure plus organique qu'en 1640 ; il réalise le projet d'une doctrine démonstrative et conforme au modèle euclidien, au moins dans la volonté de théorématiser les conclusions successivement établies. La question de la dépendance épistémologique de l'ouvrage aux sections précédentes s'est évidemment posée au moment où Hobbes a dû envisager sa parution avancée. Il y répond dans la préface insérée dans la seconde édition (1647) en soutenant que l'ouvrage « n'avait pas besoin des sections précédentes, reposant sur des principes qui lui sont propres, connus par expérience » (DCI, 89). La doctrine civile trouve en effet son point de départ dans les facultés de la nature humaine, qui peuvent être connues de deux manières, soit par raisonnement à partir de principes antérieurs, soit directement par expérience interne. L'absence des sections précédentes ne fragilise donc en rien la théorie politique développée en 1642.

La fondation de l'État, telle qu'elle est présentée dans le *De cive*, offre un gain de clarté vis-à-vis des *Elements of Law*. Tout d'abord parce qu'elle ouvre la deuxième partie au lieu de clore la première ; elle est donc moins une conclusion qu'un *nouveau départ* et son caractère de rupture avec l'ordre naturel s'en trouve renforcé. Hobbes approfondit ensuite sensiblement le cadre conceptuel qui lui permet de penser l'État. Alors qu'en 1640, la métaphore du « corps politique » revenait complaisamment sous sa plume pour décrire l'État, il décide expressément de l'abandonner deux ans plus tard (DCI, 184) au profit du concept de « personne civile » (DCI, 162). Ce dernier concept a en effet l'intérêt de rompre avec la vision organiciste et de présenter l'État comme un sujet de droit, support d'une volonté propre et agent d'actes. Hobbes passe ainsi peu à peu d'une logique de soumission des volontés à une logique d'identification à la volonté souveraine, qui tient lieu des volontés particulières. De ce point de vue, le *De cive* prépare la théorie de la représentation qui sera développée dans le *Léviathan*.

La place réservée à la religion s'étend donc en 1642. Il ne s'agit plus seulement de souligner la compatibilité de la doctrine civile, fondée en raison, avec les Écritures (chapitres IV et XI). Il importe surtout désormais de s'engager pleinement dans une réflexion sur la politique chrétienne et de répondre aux puritains sur leur terrain, en travaillant la notion de « royaume de Dieu » à partir des Écritures. La royauté de Dieu est d'abord naturelle en ce sens que les lois naturelles peuvent être connues par la raison et rapportées à Dieu comme à une volonté supérieure. Elle est ensuite prophétique et historique.

Cela conduit Hobbes à considérer la royauté de Dieu selon l'ancienne Alliance, royauté simplement promise à Abraham, véritablement instituée avec Moïse et abolie avec Saül. La nouvelle Alliance par le Christ est alors analysée non pas comme restaurant la royauté de Dieu en ce monde, mais au contraire comme annonçant un royaume à venir. Ce faisant, Hobbes impose une contre-lecture théologique de la politique qui lui permet de faire front aux doctrines puritaines vindicatives qui fleurissent au cours de la Guerre civile.

LE *LÉVIATHAN* (1651-1668)

Le *Léviathan*, écrit en France et en anglais, forme l'aboutissement des recherches de Hobbes en matière de philosophie politique. Il doit être lu pour la puissance théorique de la science hobbesienne. Il peut aussi être lu en tant qu'intervention, pamphlétaire, au sein des débats nourris qui interrogent la nature et l'extension de la souveraineté et du droit des Anglais. Il tâche de constituer une nouvelle unité, distincte de celle que formaient les *Elementa philosophiæ*. On n'y trouvera que peu d'échos à la philosophie première, à l'épistémologie et à la physique de l'auteur, l'ouvrage prenant pied avec l'anthropologie. En revanche, on y découvrira de nouveaux développements sur la politique chrétienne et sur les tensions que connaissent les relations entre les clergés et les autorités civiles. La première partie porte sur l'homme comme matière et artisan de l'État, la deuxième est consacrée à l'État, à sa fondation et à ses institutions, la troisième a pour objet l'État chrétien et la quatrième, les forces superstitieuses qui dégradent l'autorité civile. À l'occasion de la publication de ses œuvres en latin en

1668, Hobbes fournira la traduction du *Léviathan*, avec quelques modifications qui concernent avant tout des problèmes théologiques spécifiques (la Trinité) et l'ajout, en annexe, de trois brefs dialogues relatifs, eux aussi, à des points de théologie.

De l'homme

Les premiers chapitres anthropologiques reprennent avec quelques modifications la théorie psychologique exposée dans les *Éléments de la loi*. Le mécanisme de la sensation s'explique toujours par une résistance au mouvement provoqué par un objet extérieur et transmis d'abord au cerveau avant de gagner le cœur ; mais, c'est désormais au niveau du cœur, et non plus du cerveau, que la résistance ou la contre-pression se produit, donnant naissance à l'apparaître de la sensation, sa phénoménalité subjective. Cette délocalisation permet de mieux associer le pouvoir cognitif et le pouvoir moteur, la genèse de la sensation et celle de l'appétit. En vertu du principe de conservation, le contre-mouvement intérieur qui engendre la représentation mentale des choses hors de nous se poursuit rythmiquement. Toute sensation persiste donc en l'absence de l'objet et se prolonge en imagination. Mais elle s'efface aussi progressivement au fur et à mesure que de nouvelles sensations, plus vives, viennent s'imposer. Pour cette raison, l'imagination est toujours une sensation « en voie de dégradation ». Ce mécanisme rend compte autant du souvenir que de l'expérience, tout comme il suggère une explication des rêves comme inversion de la sensation : parce qu'un objet effrayant nous glace à l'état de veille, la perception du froid pendant le sommeil aura tendance à reproduire la sensation de frayeur puis la représentation onirique de quelque objet de crainte. L'esprit est donc une fonction du corps travaillée par une double frontière : entre l'intérieur et l'extérieur, entre le réel et le fictif. Il se prête pour cette raison à toutes sortes de manipulations, religieuses ou politiques, et un traité sur l'autorité civile ne saurait se dispenser de comprendre les ressorts psychologiques du comportement humain.

L'analyse des facultés naturelles – représentation, imagination, discours mental – finit par faire contraste avec ce qui inaugure le propre de l'homme : la parole et la curiosité. La première le rend capable de penser, c'est-à-dire de calculer à partir de définitions claires ; elle a la géométrie pour modèle. La seconde oriente son désir de connaissance vers les rapports de cause à effet ; elle tend vers une physique. La conception nominaliste du langage doit justifier en quoi les deux se rejoignent et pourquoi déduire revient aussi à expliquer. Ces chapitres se caractérisent à la fois par le souci d'anticiper les enjeux politiques du savoir et par la volonté de rappeler, toujours, les dangers qui procèdent de l'usage incorrect du langage. À ce titre, l'ignorance des règles de la méthode est toujours moins grave que l'application de fausses règles et elle éloigne moins de la vérité que celle-ci. Le projet philosophique de Hobbes se construit finalement davantage contre les philosophes antérieurs, coupables de ne pas avoir suivi la bonne méthode, que contre l'opinion commune des non-savants.

Le passage aux facultés pragmatiques n'a rien d'un nouveau départ ; il se superpose au contraire exactement à l'activité cognitive. Dans la mesure où le mouvement animal (par différence avec le mouvement vital, purement métabolique) est le prolongement des mouvements sensitifs, l'imagination est « le premier commencement interne de tout mouvement volontaire » (L, 47). Hobbes est particulièrement attentif à justifier l'existence, pourtant invisible, de ces petits commencements, qui ne sont pas des annonces de mouvements, mais des mouvements authentiques qui se produisent à l'intérieur de l'espace occupé par les organes du corps et avant toute visibilité extérieure. Les deux *conatus* fondamentaux, le désir et l'aversion, engendrent l'ensemble des passions, d'abord les passions simples, qui sont naturelles et communes à tous les animaux, puis les passions complexes, propres à l'homme, qui se démultiplient à foison en fonction de l'infinie variété de leurs objets. Leur nombre n'est finalement limité que par le lexique dont on dispose.

La délibération, qui fait se succéder le désir et l'aversion à propos d'un même objet, introduit la question de la liberté et effectue la transition entre une anthropologie des passions et une éthique fondamentale. Elle a ceci de déterminant pour la suite des analyses de Hobbes qu'elle inscrit la prudence autant que la morale dans une exigence prospective : s'il y a délibération, c'est qu'il y a considération de la chaîne de conséquences impliquées dans une action quelconque ; aussi, mieux on perçoit les conséquences à long terme d'une action possible ou de son omission, mieux on délibère et mieux on agit selon son intérêt. La délibération aura donc un rôle à jouer à la fois dans la sortie de l'état de nature et dans le cours ordinaire de la vie civile.

Hobbes propose un parallèle entre la délibération (sur le bon et le mauvais) et la réflexion (sur le vrai et le faux). Le doute n'est rien d'autre que l'*analogon* de la délibération dans l'ordre de la vérité, susceptible d'aboutir à la science, à l'opinion ou à la croyance, selon que le point de départ est pris dans des définitions claires, une considération personnelle ou le propos d'autrui. Le développement des facultés cognitives donne naissance à ce que Hobbes appelle les « vertus intellectuelles ». Elles n'ont de sens qu'en contexte social, où les comparaisons peuvent s'effectuer et repérer des capacités supérieures chez les uns et des défauts relatifs chez les autres. Le concept de vertu est essentiellement relatif, donc social. Certaines des vertus intellectuelles sont dites naturelles, lorsqu'elles sont les effets latéraux de l'expérience commune : la vivacité d'esprit, le jugement, la prudence en font partie. D'autres sont acquises par la méthode et l'instruction, ce sont la science et la sapience. Là encore, le phénomène anthropologique majeur reste la diversité des formes d'esprit, qui s'explique par la diversité des passions (dont l'origine opaque mêle, elle-même, de manière inextricable un terrain naturel à l'histoire personnelle). Or, le fait que les passions forment le soubassement des aptitudes intellectuelles les rend potentiellement pathologiques. La norme, en la matière, est purement sociale : toute passion excessive peut être comptée comme une forme de folie. Aussi la plus grande instruction voisine-t-elle avec la plus grande folie : où donc situer les œuvres de Suárez, s'interroge Hobbes ?

Hobbes consacre les développements suivants aux dispositions pratiques des hommes, préparant le moment où il les considérera en situation de coexistence. Ces dispositions font apparaître d'abord l'homme comme pourvu de moyens, ensuite comme poursuivant des fins. Le pouvoir d'un homme est soit naturel, s'il correspond à quelque capacité physique ou intellectuelle, soit instrumental, s'il renvoie à des objets qui facilitent l'obtention d'un bien. Mais il apparaît d'emblée social ;

il n'existe que s'il est perçu par d'autres. En ce sens, la réputation de disposer d'un pouvoir est déjà un pouvoir, alors qu'à l'inverse la science, qui n'est reconnue que par une minorité de savants, n'en est pas un. Hobbes anticipe ainsi l'usage politique du concept de pouvoir, qui n'existe que dans sa visibilité et dans la perception que les sujets en ont. Ces moyens sont mis au service de fins extrêmement variées, ce qui donne lieu à une vaste caractérologie. Cependant, parmi les dispositions humaines, il en est qui sont suffisamment profondes pour être généralement partagées; c'est le cas du penchant religieux, auquel Hobbes assigne deux sources opposées, la connaissance et l'ignorance. Si la curiosité conduit à interroger les causes passées et finalement à supposer une cause première aux phénomènes perçus, l'ignorance s'inquiète de l'avenir et nous pousse à imaginer des puissances invisibles capables de gouverner notre fortune. C'est cette crainte qui forme le germe naturel de la religion, qui a donné lieu aussi bien à la vraie religion qu'aux superstitions païennes.

Les dispositions humaines, tant internes que relationnelles, étant établies, Hobbes en tire les conséquences en dressant le tableau de l'état de nature. La rivalité pour les biens non partageables, qu'entraîne l'égalité naturelle des aptitudes, la défiance mutuelle alimentée par l'existence d'hommes immodérés et la gloire forment les trois causes principales qui transforment l'état de nature en état de guerre de chacun contre chacun, état d'hostilité entre individus d'où rien, strictement rien, n'est possible : ni vie durable, ni monde commun, ni civilisation. Plutôt que d'insister, comme il le faisait auparavant, sur la contradiction dont relève cette condition naturelle des hommes, Hobbes en souligne ici la portée : l'absence d'institutions politiques menace, au-delà même de la vie corporelle, l'existence du monde humain et de la civilisation, avec ses conditions techniques, et d'abord sa mesure commune du temps et sa géographie partagée. En creux, se lit la thèse que l'État rend possible un tel monde, et que la politique est la science la plus fondamentale parce qu'elle en conditionne la constitution.

Dans le *Léviathan*, le droit que chacun a sur toute chose n'intervient pas pour expliquer les conflits humains, dont les motifs sont exclusivement anthropologiques, et non juridiques. C'est bien plutôt le droit qu'a chacun de se préserver qui lui donne celui de disposer de tous les moyens à cet effet. Aussi les lois de nature sont introduites afin de contrecarrer la logique d'aggravation que commande ce droit sur tout. La loi fondamentale devient celle qui enjoint de s'efforcer à la paix partout où elle est possible et de se prémunir par la guerre partout où il est besoin. La seconde – qui était la première dans les *Elements of Law* – ordonne de renoncer à son droit illimité par voie contractuelle. Il faut noter que le *Léviathan*, ici et ailleurs, accorde une place bien plus importante aux droits inaliénables. Les dix-neuf lois exposées dans ces chapitres – auxquelles il conviendrait d'ajouter une vingtième relative au devoir de protéger militairement l'autorité civile, mentionnée à la fin de l'ouvrage – reprennent sans changement notable la liste des traités antérieurs. Elles ne sont plus assorties de leur confirmation scripturaire, mais elles forment à elles seules l'objet de la philosophie morale.

Le chapitre XVI du *Léviathan* est celui qui ne vient pas simplement s'annexer à des études précédemment parcourues, mais s'insérer dans une logique contractualiste inaboutie afin d'en fournir l'instrument inédit de résolution. Hobbes y définit un concept dont il avait déjà fait usage – la personne – et introduit un nouveau concept – la représentation – afin de sortir des apories rencontrées par la formulation des pactes fondateurs dans les *Elements of Law* et, dans une moindre mesure déjà, dans le *De cive*. La personne est définie par l'imputation des actes ; elle est naturelle lorsque les actes accomplis sont considérés comme les siens propres, artificielle lorsqu'ils sont ceux de la personne qu'elle représente. Une personne artificielle agit au nom d'un autre et sur l'autorité d'un autre, qui n'est pas nécessairement le même que celui (ou ce) qui est représenté, raison pour laquelle il est possible de représenter une chose inanimée. Si Hobbes fera un usage varié des possibilités offertes par ces dispositifs de représentation, l'emploi le plus fondamental est celui qui lui permet de penser à nouveaux frais, et combien plus correctement, l'union absolue des citoyens et du peuple par le souverain qui les représente.

De la république

Le deuxième temps du *Léviathan* est inauguré par la fondation de la république. Alors que les *Elements of Law* promettaient de donner la définition de l'État et que le *De cive* se proposait d'en fournir la cause, l'ouvrage de 1651 prétend faire la synthèse des deux méthodes, géométrique et mécaniste, en exposant « les causes, la génération et la définition de la république ». La grande nouveauté, ici, est que Hobbes complète la logique de la soumission, qui avait seule prévalu auparavant, mais en vain, par une logique de l'identification que rend possible le concept de représentation et qui permet d'achever de manière convaincante sa théorie contractualiste. Les particuliers ne sont pas invités à assujettir leur volonté à celle du souverain, mais à la reconnaître comme la leur propre. À la différence de la soumission, l'autorisation permet de mobiliser les forces des citoyens et de constituer la puissance irrésistible de l'institution suprême. Dès lors, la république se trouve constituée comme une personne artificielle, dotée d'une volonté propre, d'actes et de droits propres, mais qui ne peut subsister sans le support d'un homme ou d'une assemblée qui endossent la souveraineté. Dans la mesure où cette représentation est « absolue » et « sans restriction » – et elle doit l'être pour ne pas glisser de nouveau immédiatement dans l'état de nature – elle constitue le peuple en le représentant, elle n'est donc pas une forme de délégation, laquelle suppose au contraire un mandataire préalablement existant et un mandat révocable et limité dans son objet.

Ainsi institué, le pouvoir souverain peut être décrit avec ses propriétés essentielles et inséparables, en tant que pouvoir à la légitimité littéralement indiscutable, quoi qu'il fasse. Il n'est pas seulement au-dessus des lois, il est également au-dessus de toute contestation, sans être pour autant au-dessus de tout soupçon, pourvu que ce soupçon reste privé et sans conséquence. Puisque la souveraineté se définit par ses droits, la forme de la constitution n'a qu'une importance secondaire et pragmatique. De la monarchie, l'aristocratie et la démocratie, aucun régime n'est, en soi, préférable aux autres et celui qui est en place n'a pas à être remplacé par un autre supposé plus adapté. Cela étant, Hobbes ne se retient pas d'exposer les avantages pratiques qui lui semblent découler du régime monarchique. L'accent mis sur l'unification du peuple par le souverain représentant s'étaye en effet naturellement d'une préférence pour le gouvernement d'un seul. Ainsi les chapitres XVII à XX forment-ils une théorie aboutie de l'État, achevant ce qui restait incomplet et débarrassée de contingences contextuelles.

Mais la doctrine politique du *Léviathan* présente encore d'autres aspects inédits et des intérêts nouveaux, qui ne concernent plus l'État lui-même mais ses vis-à-vis : les citoyens, les associations civiles, l'administration publique et l'économie. Une place sans précédent leur est consacrée ici. Nous avons déjà noté combien Hobbes fait place, désormais, à une liberté étendue des sujets, en raison à la fois du silence de la loi et des droits naturels inaliénables (voir p. 160). Il faut relever également que l'État gouverne une société civile marquée par les liens associatifs – corporations, associations, institutions, fondations, groupes d'opinion, etc. – ce qui écarte toute vision atomistique de la société. Il a lui-même besoin d'une administration publique organisée et d'un corps de fonctionnaires pour faire exécuter ses décisions, voire pour en prendre en son nom. On s'aperçoit alors de la richesse du concept de représentation, qui permet aussi bien de penser la structure des organisations (constituées en personnes civiles par leur représentant) que la délégation de pouvoir des agents publics.

Enfin, une des missions de l'État étant la prospérité du pays, la doctrine civile ne saurait se dispenser d'étudier les conditions de l'économie et son régime de production et d'échanges. Pour Hobbes, l'abondance dérive exclusivement du travail de la terre et de la mer ; le commerce, la conquête et le travail deviennent les trois sources principales d'appropriation. Ainsi, dans une société marchande, le travail est lui-même un bien susceptible d'être échangé contre un salaire. Si la production relève de l'activité des particuliers, la répartition est une mission régalienne et seul l'État est habilité à fixer le tien et le mien, à corriger les déséquilibres et à garantir les titres. Pour cette raison, aucune propriété n'existe avant l'établissement de la république et le souverain conserve toujours le droit ultime de révoquer la propriété qu'il a concédée. L'économie est subordonnée à la politique et à son impératif d'équité. En ce sens, Hobbes parvient à une solution prélibérale : l'État n'a pas à être un acteur de l'économie, mais il a néanmoins toute latitude pour surveiller et conditionner le commerce.

Le chapitre XIV du *De cive* regroupait les analyses sur les lois et les fautes ; il se transforme en trois chapitres distincts dans le *Léviathan* : sur les lois civiles, sur les infractions et sur les peines. Ils fournissent le cadre juridique d'un État de droit où le souverain, tout absolu qu'il soit, a le devoir de mettre en œuvre un cadre légal ordinaire. La nature de la loi est d'être un commandement, c'est-à-dire un ordre qui s'impose par sa forme et non par son contenu, par la volonté qu'il exprime et non par sa conformité avec une norme. La loi est la norme. Elle peut être naturelle ou civile, mais la loi naturelle et la loi civile s'impliquent mutuellement. En effet, avant l'établissement de la loi civile, la loi naturelle est moins une loi qu'une vertu ; à l'inverse, la loi naturelle fonde l'obligation civile. On voit ainsi à quel point le principe de souveraineté requiert, pour son exercice effectif, une formalisation par la loi. Il existe toute une série de conditions procédurales à respecter pour constituer une loi, dont la principale en est la promulgation : il revient au souverain de faire connaître la loi à ses sujets. Du reste, cela permet de mieux cerner le rôle du juge, qui ne saurait en aucune façon se substituer au législateur et introduire une jurisprudence, puisqu'il est dépourvu de tout pouvoir propre de commandement. La loi étant l'expression réifiée de la volonté souveraine, elle nécessite des interprètes dont le rôle consiste à se caler sur l'intention qui s'est manifestée ; en cela, la fonction du juge est bien circonscrite. Le cas est différent pour la loi naturelle, où le juge doit chercher à appliquer la règle de l'équité selon ce que la raison naturelle ordonne, en s'interdisant toute innovation. La loi, naturelle et civile, nourrit ainsi le vaste espace d'échanges, d'initiatives et d'informations qui prennent place entre le souverain et ses citoyens.

Plus précis que le *De cive* qui ne parlait que de « faute », le *Léviathan* distingue la faute, qui peut ne concerner que l'intention de mépriser la loi, du crime – au sens anglais du terme – qui ne vise que l'acte. Le chapitre correspondant (XXVII) révèle toute la complexité d'un État réglé par les lois, et dont le souverain l'est d'autant plus qu'il laisse finalement peu de place à l'arbitraire. L'ordre politique est juridique, même s'il ne s'y réduit pas. La puissance ordinaire de l'État s'exprime dans le cadre de la loi, et ne s'en exempte extraordinairement que pour l'intérêt supérieur de la paix et de la sécurité. C'est pourquoi il est de règle générale que toute punition soit infligée en application de la loi seule, sans effet rétroactif : *nullum crimen, nulla pœna sine lege*. En outre, comme la loi n'est efficace et ne fait autorité que si elle crée un contexte de sécurité donc de dissuasion, des excuses totales ou partielles sont à envisager lorsqu'un tel contexte fait défaut. Une situation politique confuse, la difficulté ou l'impossibilité de déterminer qui fait la loi, une menace de mort imminente, une information erronée fournie par l'administration, allègent ou suppriment totalement la responsabilité pénale. Nul fétichisme de la loi, donc, celle-ci demeurant un outil à manier avec intelligence au nom même de son efficacité. Le même principe commande de hiérarchiser les crimes et les peines selon trois critères : la perversion de l'intention, les risques d'imitation et les dommages causés.

Le droit pénal élaboré par Hobbes s'appuie sur les deux piliers que forment le droit naturel – le droit de châtier n'est que le droit de nature conservé par le souverain, il n'est pas un droit acquis par contrat – et le droit positif, l'État de droit. En tant que fonction subordonnée à l'impératif de la paix et de la sécurité communes, le droit pénal doit à la fois tranquilliser les innocents et condamner les coupables à proportion de leur culpabilité. Nulle sanction en saurait donc être prononcée sans procès ni jugement, nulle sanction ne doit viser à étancher le désir de vengeance, cherchant plutôt à corriger le responsable en façonnant sa volonté et, à travers son exemple, celle de ces concitoyens. Tout est donc fait pour tracer une frontière claire entre le criminel, membre de la communauté civile, et l'ennemi, qui n'en fait pas partie.

La nature de l'homme et le pouvoir de l'État ont été jusqu'à présent les deux objets étudiés. Dans la mesure où la politique a l'homme pour matière et composante et qu'elle le prend tel qu'il est et non tel qu'il devrait être (ou du moins tel qu'on aimerait qu'il soit), on doit s'attendre à ce que l'État ainsi conçu dure perpétuellement. L'adaptation de l'État à son objet est parfaite et c'est un avantage insigne de la philosophie hobbesienne que de faire précéder sa théorie politique d'une anthropologie. Cependant, l'homme n'est pas seulement la matière de l'État, il est aussi son artisan. À ce titre, la mise en œuvre de l'État est affectée par ses défauts et erreurs d'appréciation. Il peut donc exister des causes internes de dissolution de l'autorité civile, des maladies mortelles du corps politique, les deux plus graves consistant d'une part à concéder un pouvoir limité à l'autorité suprême et d'autre part à laisser se développer toute une série d'opinions séditieuses. Le danger n'est pas mince : lorsque l'État meurt, chacun retourne à sa liberté naturelle et à son état originel.

Pour éviter cette issue, le souverain doit veiller à remplir ses obligations morales, qui visent toutes à garantir ce pour quoi il détient le pouvoir qu'on lui a conféré : la sûreté du peuple, qui implique, plus que l'absence d'ennuis, la possibilité de travailler à son propre bien-être. Cet objectif passe, en amont, par la mise en œuvre d'une éducation morale et politique dont les universités devraient avoir la charge, et en aval, par une œuvre législative fine et prudente.

On ne saurait clore l'étude de l'État, fondé sur des principes naturels, sans faire entrer en considération l'autorité divine. En effet, Dieu ne se fait pas seulement connaître aux hommes par une révélation personnelle ou par la médiation d'un prophète qui s'adresse à un peuple particulier. Il s'exprime encore à travers notre raison naturelle et, de ce point de vue, la raison nous conduit à supposer à la fois son existence en tant que cause première et son omnipotence, d'où il tire son droit. Dieu règne donc naturellement sur les hommes, ou du moins sur tous ceux dont l'usage de la raison les a conduits à cette conclusion. Cette royauté naturelle de Dieu s'exerce par les lois divines naturelles, qui incluent d'une part les lois naturelles à proprement parler – rapportées à la volonté divine, ces théorèmes de la raison deviennent en effet des commandements – et d'autre part le culte divin, qui se résume à honorer ce Dieu de la raison tant en pensée qu'en paroles et en actes. La philosophie politique, telle qu'elle avait été définie comme science des droits et des devoirs des souverains et des citoyens, s'achève ici, dans cette congruence de l'autorité civile et du droit divin. Est-elle destinée à finir sur les bibliothèques comme la *République* de Platon? La philosophie politique n'a pas pour tâche de comprendre le monde mais de le changer. Elle s'adresse aussi bien aux souverains qu'aux citoyens, qui ignorent trop souvent l'extension et la légitimité du pouvoir civil, comme le périmètre précis des droits individuels inaliénables. Seul un souverain pourrait introduire l'étude de cette philosophie dans les universités et, de proche en proche, contribuer à la rénovation générale de la vie politique.

De la république chrétienne

La politique a été jusqu'à présent rigoureusement déduite des principes de la nature humaine et de définitions communes. Ses conclusions sont universelles et ne dépendent d'aucun contexte historique ou culturel. Dieu s'est pourtant mêlé à l'histoire des hommes depuis Abraham et jusqu'à la venue du Christ qui annonce la restauration du royaume de Dieu. Il convient donc d'étudier les modifications qu'apporte le fait d'organiser politiquement une communauté d'hommes chrétiens. La troisième partie de l'ouvrage est ainsi consacrée aux conséquences de la parole prophétique de Dieu, ce qui n'implique aucun renoncement à la raison naturelle, tout aussi clairement fondée en Dieu.

Les prophètes ayant cessé en même temps que les miracles, depuis l'époque du Christ, les hommes n'ont désormais accès à la parole divine que par le truchement des Écritures, dont il revient au souverain de définir le canon. Hobbes écarte tout fétichisme du Livre : la Bible est sainte mais non sacrée, elle n'est pas Dieu mais sa parole, son discours qui, comme tout discours, requiert d'être interprété. Il faut mesurer ce que le projet d'une lecture critique de la Bible a de révolutionnaire à cette époque. C'est dans le sillage de Hobbes que des personnes comme Spinoza ou Richard Simon entreprendront leur étude rationaliste et iconoclaste des Écritures. Cela conduit d'abord à mieux connaître les auteurs respectifs des différents textes. Ainsi Moïse n'a pas pu rédiger l'intégralité du Pentateuque, qui narre sa mort et son enterrement. Les traces laissées par leurs rédacteurs montrent que les livres de Josué, de Samuel, d'Esdras, de Néhémie, de Jonas n'ont pas été écrits par ceux-là mêmes dont ils parlent. Hobbes ne s'interdit aucune hypothèse de principe quand il étudie ainsi l'autorité des textes saints : ni les réécritures tardives, ni les manipulations politiques, qu'il juge cependant peu probables. La Bible fait ainsi figure d'autorité divine médiatisée et subordonnée, dans son identité et sa signification, à celle du souverain ; par là, Hobbes exclut qu'elle puisse rivaliser avec lui ou lui être opposée

Une partie du travail de Hobbes consiste alors à interpréter linguistiquement le sens des termes et des concepts de l'Écriture sainte afin de leur restituer leur signification propre et véritable, loin des redéfinitions ultérieures qui ont contribué à obscurcir l'esprit des croyants et à diffuser les ténèbres de la superstition. En l'occurrence, Hobbes se donne pour règle de déterminer le sens de chaque vocable, non pas en se calant sur l'acception commune du terme, ni sur l'autorité de quelque théologien que ce soit, mais à partir d'une analyse interne du Livre, c'est-à-dire de manière herméneutique. Un « corps » désigne donc tout ce qui occupe un espace – ce qui exclut l'idée d'une substance incorporelle. Un « esprit » est un souffle physique ou un pur phantasme ; l'« esprit de Dieu » signifie donc soit un vent causé par Dieu, soit un don ou une force singuliers transmis à un individu. Le « royaume de Dieu » est une république civile.

Entendu correctement, le « sacré » est ce qui est mis à part et réservé au service public du culte divin. Aussi le sacrement n'a rien de saint ; il n'est le lieu d'aucun mystère, mais constitue le signe et la commémoration de l'admission du fidèle au royaume de Dieu. Les convictions de Hobbes le conduisent à ne reconnaître que deux sacrements, ainsi démystifiés : le baptême, signe de la circoncision, et la communion, signe de la Passion.

Les Saintes Écritures sont la parole « de Dieu », non pas tant la parole que Dieu aurait proférée et adressée aux hommes, que la parole ou le récit qui porte sur Dieu, qui en témoigne authentiquement. Pour entendre la parole que Dieu a émise, il faut se tourner vers les prophètes, qui servent d'intermédiaires entre Dieu et son peuple. Mais comment Dieu a-t-il parlé à ces prophètes, à Moïse

ou à Isaïe ? Manifestement pas oralement, puisque Dieu
n'a pas de bouche. C'est donc seulement comme songe
ou vision que Dieu se manifeste à celui qu'il a choisi
pour porter sa parole. Encore faut-il distinguer les cas
de figure : Moïse a reçu une vision exceptionnellement
claire, en comparaison des autres prophètes. Mais rien
n'égale la manière dont Dieu a habité corporellement
Jésus, cas unique qui interdit de l'aligner sur les prophètes
antérieurs, et qui clôt également l'époque des prophètes.

La question des prophètes prépare les remarques que
Hobbes formule à l'égard des miracles. En dehors de
la conformité doctrinale, en effet, les miracles sont les
seules marques d'authentification des prophètes. Hobbes
procède à la même démystification des actes miraculeux
qu'il avait mise en œuvre au sujet des sacrements, en ce
sens qu'il refuse l'idée selon laquelle ils transgresseraient
les lois naturelles. Au sens strict et étymologique du terme,
un miracle n'est qu'un fait admirable, un fait qui suscite
l'admiration, phénomène aussi subjectif que possible.
Deux conditions sont requises : la rareté du phénomène
et l'incapacité dans laquelle se trouve le spectateur de
concevoir une explication naturelle. Le premier arc-
en-ciel fut miraculeux, les suivants l'ont banalisé. Le
miracle, cependant, n'est pas réductible à l'impression
personnelle que les hommes se font d'un fait observé.
Il possède aussi un point d'objectivité, qui permet de
distinguer les vrais des faux miracles. À la différence de la
magie, qui est l'œuvre du magicien, le miracle est en effet
une intervention divine, immédiate, sans le truchement de
causes secondes ou subordonnées. Le prophète n'en est
pas l'auteur. Mais comme il est extrêmement difficile de
séparer la vérité de la tromperie, en matière de miracles,
il convient à chacun d'être en lui-même de la plus grande

suspicion de principe et, publiquement, de s'en remettre à la décision du souverain. Ici comme ailleurs, la raison publique prime la raison particulière.

Parmi les autres concepts chrétiens chargés d'enjeux politiques, celui de « vie éternelle » revêt une importance particulière. La politique a en effet la charge de procurer les moyens de garantir la sécurité et la préservation d'une vie heureuse. L'autorité des lois s'appuie ultimement sur la menace de la mort, le plus grand des maux. Que les sujets pensent qu'il y aurait plus à gagner à désobéir à la loi civile qu'à s'y conformer représente donc un risque qu'aucune république ne saurait prendre. C'est la faille dans laquelle se glissent tous les enthousiastes pour justifier leur triste sédition. Il convient donc de préciser que la vie éternelle ne peut être acquise dans la contestation de l'ordre civil, lui-même fondé indiscutablement *jure divino*. Mais il convient aussi, en sens inverse, de politiser cette vie éternelle : par cette expression, les Écritures n'entendent rien d'autre que la restauration du royaume de Dieu, suspendu depuis Saül, avec cette fois Jésus comme roi souverain, sous l'autorité de son Père. Hobbes n'envisage pas que ce royaume puisse se tenir ailleurs que sur terre : il sera une autre forme de république civile, géographiquement délimitée dans la région orientale, avec Jérusalem pour capitale. Ce qu'on appelle l'Enfer se trouvera également sur terre, en un lieu encore indéterminé. Qu'y a-t-il d'éternel dans cette royauté restaurée ? L'âme, c'est-à-dire la vie, des élus. L'âme n'est pas naturellement immortelle. Elle meurt d'ailleurs bel et bien une première fois, mais à la résurrection des corps, elle renaît pour toujours. À l'inverse, les damnés seront suppliciés en Enfer après une première mort, corps et âme. Ils y subiront des souffrances, dont la première est toute négative : le chagrin de ne jamais devoir vivre éternellement parmi les élus. En revanche, ces peines ne peuvent être elles-mêmes sans fin ; ce serait supposer que Dieu se complaise dans la vengeance. Il faut donc que les damnés meurent une seconde fois, définitivement.

Le terme d'« Église » doit lui-même faire l'objet d'une clarification sémantique afin de saper les prétentions d'une communauté religieuse concurrente de l'État, qui serait dotée d'une structure hiérarchique propre, de frontières et d'une unité spécifiques. En son sens propre et étymologique, une Église n'est qu'une assemblée légitime de citoyens. D'autres acceptions sont possibles, mais pour autant qu'elle renvoie à une communauté unie, elle se confond avec la communauté civile, car elle seule revêt objectivement le statut de personne artificielle. Cette conclusion s'imposant de manière analytique, il faut donc reconnaître que les concepts opposés de pouvoir temporel et de pouvoir spirituel n'ont aucun sens, mais bien une fonction : une fonction séditieuse.

Le lexique ayant retrouvé toute sa clarté, Hobbes peut aborder les questions les plus délicates relatives au gouvernement des hommes par Dieu. On distingue trois périodes historiques : celle qui a précédé la venue du Christ, celle qui lui est contemporaine et celle qui a vu l'Église prendre le relais après sa mort.

Dieu a conclu une première alliance avec Abraham, par laquelle celui-ci était obligé d'obéir aux lois divines positives qui lui avaient été imposées. La descendance d'Abraham ne pouvait pas être directement concernée par ces obligations, étant demeurée étrangère à la révélation divine. Ce n'est donc pas parce qu'Abraham prétendait recevoir ces lois de Dieu que sa postérité devait, de son vivant, lui obéir, mais en vertu d'un droit tout autre, et antérieur, son droit parental. Il a donc fallu que Dieu renouvelât son alliance avec Isaac, puis avec Jacob, pour prolonger son règne. Quand Dieu eut réitéré son alliance avec Moïse, qui n'avait pas d'autorité naturelle sur les Hébreux, ceux-ci ne furent pas immédiatement liés par les lois divines. Ils n'étaient pas obligés de croire Moïse ou de lui obéir. Seul leur libre et commun consentement a conféré à Moïse l'autorité civile et ecclésiastique, et a établi sur eux un royaume sacerdotal. Aaron n'avait ainsi la prêtrise que sous la souveraineté de Moïse. En revanche, après la mort de Moïse mais en vertu du pacte initial, les grands-prêtres détinrent l'ensemble des pouvoirs civil et religieux, jusqu'au moment où le peuple hébreu réclama un roi « comme les autres nations ». La royauté sacerdotale prit alors fin et fut remplacée par un gouvernement monarchique inauguré par Saül. Hobbes décrit alors une histoire chaotique et confuse où la pratique du pouvoir ne concordait plus avec le droit établi. Alors que les Israélites entendaient se donner une royauté civile, les critiques qui émanaient des religieux enfoncèrent le peuple hébreu dans la servitude et finirent par le dissoudre ; les Juifs devinrent alors les sujets des Grecs puis des Romains.

Politiquement, la venue du Christ n'a modifié les choses qu'en apparence. Pour s'en expliquer, Hobbes reprend à Calvin la doctrine des trois offices du Sauveur – rédempteur, pasteur et roi éternel – mais en les réinterprétant. Au lieu de les penser comme des rôles cumulatifs, il les fait correspondre à trois époques successives. C'est à travers sa vie et surtout son sacrifice que le Christ a racheté les péchés des hommes. C'est au cours de sa vie et, surtout, en livrant en héritage sa doctrine qu'il se fait le pasteur des hommes depuis sa mort. Ce sera après son retour, et nullement avant, qu'il deviendra roi, sous l'autorité de son Père. Notre présent correspond donc à la deuxième période, et jusqu'à la seconde venue du Christ, il faut convenir que l'Église a et aura un rôle strictement pastoral, et non pas politique.

Depuis la mort du Christ, la seule question qui vaille concerne ainsi la nature et l'étendue du pouvoir ecclésiastique. Encore faut-il distinguer deux périodes significativement différentes puisqu'avant Constantin, l'Église n'était associée à aucun pouvoir politique. Hobbes commence donc par conclure qu'elle n'avait alors pas d'autre mission que d'évangéliser, c'est-à-dire d'enseigner, dans la continuité de l'activité pastorale du Christ, l'ensemble du monde. En tant qu'association purement religieuse, elle n'avait aucune autorité qui pût interférer avec la loi. Elle pouvait baptiser, racheter et même excommunier un fidèle, c'est-à-dire, en pareille situation, refuser simplement de le fréquenter, mais elle n'était pas en mesure de lui refuser l'accès à quelque fonction ou lieu publics. Hobbes peut ainsi montrer que pareille excommunication contraint davantage celui qui excommunie que celui qui est excommunié. De manière générale, l'Église n'était alors qu'une corporation sans pouvoir de contrainte, ni uniformité doctrinale.

La seconde période, ouverte avec Constantin, voit l'émergence de républiques chrétiennes et l'association entre les mêmes mains de l'autorité civile et du pouvoir ecclésiastique. Le souverain devient ainsi le pasteur suprême de ses sujets, le seul qui soit de droit divin, tous les autres – pasteurs, évêques et archevêques – étant de droit civil. Le plus souvent, certes, il délègue cette mission à d'autres, mais il en demeure néanmoins à jamais le véritable titulaire. Et si un État peut tolérer les recommandations du pape relatives à la nomination du clergé national, il est parfaitement libre de les suivre ou non.

La dernière partie du long chapitre XLII forme une critique minutieuse des thèses que Bellarmin avait développées dans son *De summo pontifice* (1586). Hobbes suit la composition en cinq parties de l'ouvrage, faisant rapidement pièce aux trois premières pour approfondir la quatrième section qui porte sur la suprématie doctrinale et morale du pape. Afin de l'écarter, Hobbes dénie les trois fondements sur lesquels le cardinal cherche à l'établir : son infaillibilité en matière de foi et de mœurs, son pouvoir législatif sur les fidèles et son autorité juridictionnelle sur le clergé. Si le souverain national détient indéfectiblement la suprématie ecclésiastique en son État, la thèse de Bellarmin selon laquelle le pape possède une autorité temporelle indirecte sur les magistrats et leurs sujets est indéfendable. Cette doctrine perverse forme un dangereux germe de sédition mais finit aussi par instiller le doute chez les souverains eux-mêmes quant à la légitimité de leur pouvoir. Il n'existe rien de tel qu'une république spirituelle dont les membres seraient unis au sein d'un corps mystique et où tous seraient « membres les uns des autres » sous une tête pontificale, lieutenant du Christ sur terre. Tout pouvoir, toute communauté est politique ou rapportable à une instance politique ou elle n'est rien. C'est aussi la raison pour laquelle un État infidèle ou hérétique demeure un État de plein droit et a autorité pour se faire obéir.

Hobbes peut logiquement en conclure qu'il ne peut jamais y avoir de cas de conscience légitime en matière d'obéissance civile ou de raison religieuse de s'en affranchir. L'obéissance à Dieu ne peut pas être contraire à l'obéissance due aux hommes. La difficulté n'est qu'apparente et n'existe que pour ceux qui ne distinguent pas assez entre ce qui est réellement nécessaire au salut et ce qui est secondaire. La foi dans le Christ et l'obéissance aux lois sont les seules conditions indispensables au salut du chrétien. Le Christ n'a introduit aucune nouvelle loi, mais il a enseigné qu'il fallait respecter les lois existantes, à commencer par l'obligation morale de tenir ses promesses. La foi est facile. Elle consiste à croire, en son cœur, que Jésus est le Christ. Parce qu'elle est une opinion, elle reste extérieure au domaine régi par le pouvoir souverain. Elle est donc compatible avec tout type de république. Mieux : elle consolide l'autorité civile en enjoignant – à titre de confirmation – qu'il convient de rendre à César ce qui appartient à César. Cette concordance, Hobbes la traduit au sein de sa pensée : les principes de la politique chrétienne se déduisent autant de la raison qu'ils s'appuient sur les passages les plus clairs des Écritures.

Du royaume des ténèbres

Il pourrait sembler qu'après avoir explicité les principes de la nature humaine, établi les fondements du pouvoir souverain et défini ce que peut être le pouvoir de Dieu sur les hommes, Hobbes ait atteint l'objectif qu'il s'était initialement donné. Le *De cive*, d'ailleurs, n'allait pas plus loin. Pourtant, en 1651, Hobbes ajoute une dernière partie consacrée aux forces humaines qui entravent l'intelligence de la vérité en politique. Il ne s'agit plus de détecter les faiblesses de la nature de l'homme, mais d'identifier les causes culturelles qui enténèbrent l'esprit des citoyens. Plus que des causes, d'ailleurs, elles forment un pouvoir et cherchent à régner, c'est-à-dire à établir un royaume des ténèbres, contraire à la paix et à la sécurité communes.

Hobbes reconnaît quatre causes d'obscurcissement : la manipulation perverse des Écritures, la superstition et l'idolâtrie, les erreurs de la vaine philosophie répétées de siècle en siècle, enfin, les traditions fabuleuses qui infantilisent les hommes.

La première source de ténèbres consiste donc à forcer le texte des Saintes Écritures pour faire accroire que le royaume de Dieu n'est autre que l'Église actuelle. L'effet de cette tromperie organisée est de multiplier les confusions, à rebours du travail de clarification auquel s'est consacré Hobbes dans la partie précédente. Un véritable brouillard se répand dans les esprits crédules et ne permet plus de distinguer l'autorité légitime, ni l'ami de l'ennemi, la différence entre la loi civile et la loi canonique, entre la consécration du pain et la conjuration, qui prétend en changer non l'usage mais la nature.

Une deuxième source est fournie par les restes de paganisme au sein du christianisme, ce qui, en un sens, le dédouane. Il s'agit d'une part de la croyance aux démons, d'autre part de l'idolâtrie. Hobbes s'y attaque armé de sa théorie physique et psychologique puisque l'un et l'autre travers s'expliquent par la projection dans le monde réel de phantasmes de l'esprit. Tel est le sens de la superstition. Le « démon » n'est qu'une imagination et une représentation mentale extériorisée, qui devient cause de vaine crainte. Sur le silence compréhensible des Écritures au sujet de ces illusions, la théologie s'est sentie autorisée à donner son soutien à cette opinion erronée comme aux pratiques qui lui sont associées, telles que l'exorcisme. De même, l'idolâtrie suppose la croyance à la présence de la divinité au dedans de l'image, de l'objet ou même de la personne auxquels on rend un culte, alors qu'ils ne sont proprement que le signe, la représentation ou le représentant de Dieu. C'est toute une constellation de rites païens christianisés qui est ainsi disqualifiée : l'eucharistie, une nouvelle fois, mais aussi la canonisation des saints, version chrétienne de l'apothéose, ou encore les processions, « vieilles bouteilles vides du paganisme […] remplies du vin nouveau du christianisme » (L, 677).

La philosophie elle-même n'est pas sans responsabilité dans le développement de ces falsifications nocives à la paix et à la justice. Si elle est inoffensive, et même avantageuse par elle-même, les circonstances qui lui ont donné naissance l'ont en même temps lancée sur des rails trop peu assurés. La philosophie n'est pas naturelle ; les hommes, souvent, s'en sont dispensés sans grand dommage, l'expérience seule suffisant. C'est dans les lieux urbains et stables que la philosophie est, pour la première fois, apparue ; elle est née du loisir, comme une activité de dilettante, non d'un besoin pratique ou d'un désir intellectuel. Très vite, la philosophie s'est distinguée de la science, à commencer par la géométrie, en donnant naissance au phénomène des sectes. Il n'existe pas de secte de géométrie, alors qu'il a existé et qu'il existe encore des sectes de philosophie, signe de son immaturité.

Chaque école s'organisait autour d'un maître et défendait son autorité plutôt que la vérité. Totalement éloignées de celle-ci, les écoles philosophiques ont été inutiles pour la pratique. Aristote, en particulier, a introduit des erreurs dans trois domaines. La philosophie première, qui est censée fixer les définitions des vocables, a été transformée en une métaphysique incompréhensible, remplie de concepts contradictoires et absurdes. La physique qui s'est appuyée dessus est simplement fantastique et a tout interprété à partir de supposées intentions, tant dans les choses inertes que dans le monde de l'esprit. La philosophie morale et politique, enfin, a commis l'erreur de prendre le désir pour la mesure du droit, mensonge qui est à la racine de toutes les fausses doctrines.

L'ultime question qui se pose, au terme de cette dénonciation, est de savoir à qui profite cet obscurantisme. *Cui bono ?* Indéniablement au clergé, que son autorité soit papale ou presbytérienne, en lui octroyant, sur l'esprit des hommes, un pouvoir dont il pouvait tirer bénéfice. Hobbes avance une lecture originale de l'évolution historique du pouvoir usurpé de l'Église. Trois nœuds ont été successivement noués avant d'être tour à tour dénoués. À l'origine, les hommes étaient libres de suivre ou non les premiers apôtres. Le premier nœud est apparu quand les presbytres se sont organisés en assemblée habilitée à imposer un enseignement unique. Le deuxième eut lieu lorsque les presbytres des grandes cités se donnèrent le titre d'évêques et un pouvoir de commandement sur les presbytres paroissiaux. Le troisième nœud a parachevé la structure hiérarchique en plaçant un pontife suprême au-dessus des évêques. Cette période d'élaboration progressive a été suivie par une période de déconstruction qui a connu l'ordre inverse : l'indépendance acquise vis-à-vis du pape, l'abolition de l'épiscopat et la révocation des presbytériens : « ainsi sommes-nous ramenés à l'indépendance des premiers Chrétiens ». Mais si cette liberté retrouvée offre des perspectives de reconstruction politique inédites, l'histoire nous met en garde contre les risques qu'il y a à baisser la garde face à ces forces mauvaises : car qui sait si l'esprit de Rome ne pourrait pas revenir ?

DE LA LIBERTÉ ET DE LA NÉCESSITÉ (1654)
QUESTIONS CONCERNANT LA LIBERTÉ,
LA NÉCESSITÉ ET LE HASARD (1656)

Les deux ouvrages font partie de la longue polémique que Hobbes eut avec Bramhall, amorcée par le débat entre les deux hommes en 1645, et prolongée au-delà autour des thèses du *Léviathan* jusqu'en 1668. Ils sont tous deux consacrés à l'objet initial de la controverse, le libre arbitre, mais n'ont pas la même teneur éditoriale. Rappelons aussi succinctement que possible une affaire bien compliquée. Le premier échange eut lieu en présence de Newcastle et chez ce dernier, à Paris en 1645. Dans la foulée, Bramhall développa par écrit sa propre position, qui fut transmise à Hobbes. Celui-ci rédigea à son tour, en août et à Rouen, le texte *De la liberté et de la nécessité* qui prend la forme d'une réponse méthodique aux objections de l'évêque arminien, une réponse structurée en cinq parties. Les deux textes étaient censés demeurer confidentiels, aussi Bramhall fut-il offensé lorsque John Davies, chargé par Hobbes de fournir privativement une traduction de sa « lettre de Rouen » à un ami français, prit l'initiative de la publier en 1654, qui plus est sans celle de Bramhall. Celui-ci répliqua l'année suivante en publiant une longue réfutation de Hobbes, *A Defence of True Liberty*, qu'il organisa en trente-huit sections numérotées. Chacune se compose tout d'abord d'un extrait de sa lettre initiale et de la réponse faite par Hobbes (ou uniquement, pour les quatorze dernières, du texte où Hobbes synthétise sa position personnelle), puis de la nouvelle réplique de l'auteur. Hobbes réagit à son tour en publiant les *Questions concernant la liberté, la nécessité et le hasard* en 1656. Le texte est particulièrement lourd puisqu'il recopie chacune des sections du livre de Bramhall avant d'y adjoindre ses nouvelles remarques. Mais aussi laborieuse que la lecture finisse par être du fait de ces reprises, l'ouvrage explore comme nul autre texte de Hobbes les méandres de la question de la liberté et de la nécessité. La controverse ne s'arrêtera pas là. L'évêque répliquera de nouveau à Hobbes dans une réfutation des *Questions* (*Castigations of Mr Hobbes his last Animadversions*, 1657) puis dans une attaque virulente contre le *Léviathan* (*The Catching of Leviathan*, 1658) à laquelle Hobbes finira par répondre lui-même dix ans plus tard, après la mort de Bramhall (*Réponse à la capture du Léviathan*, 1668) mettant fin à une polémique de plus de vingt ans.

Nous suivrons ici la progression des *Questions* dans la mesure où l'ouvrage englobe l'intégralité de la lettre de Rouen. Sa nature dialogique requiert en outre que l'on expose autant les thèses et les objections de Bramhall que les arguments de Hobbes qui y répondent.

L'entrée en matière révèle d'emblée un *leitmotiv* du livre : non pas seulement un désaccord de fond sur une question claire, mais une totale incompréhension mutuelle des usages que chacun fait des concepts cardinaux de liberté et de nécessité. L'accusation d'employer les mots contre leur sens propre sera constante et réciproque. Elle ne sera pas exactement symétrique dans la mesure où Hobbes est armé d'une théorie du discours et de son instrumentalisation politique qui lui permet de dénoncer à son avantage le « jargon » de l'évêque arminien. Mais chacun renverra l'adversaire au dictionnaire lorsque les arguments ne suffiront plus ; à bien des égards, l'échange entre les deux auteurs relève du dialogue de sourds. Il ne faudrait cependant pas en conclure qu'il s'agit d'une simple querelle de mots. D'abord parce que Hobbes sait très bien que derrière les querelles de mots se cachent des rapports de force, ensuite parce que les mots sont les « jetons des sages » autant que la « monnaie des sots » et que c'est grâce à eux que nous pouvons connaître ce qu'il en est réellement de la liberté et de la nécessité. Hobbes reproche ainsi à Bramhall de procéder par distinctions conceptuelles plutôt que par définitions, points de départ de toute démonstration valide.

Sont d'abord étudiées successivement les preuves tirées de l'Écriture (sections VI à XII) et celles tirées de la raison (sections XIII à XVII). La répartition est cependant rien moins que nette et la même typologie argumentative est à l'œuvre dans les deux parties, avec ou sans référence scripturaire. La position de Bramhall possède une certaine cohérence et traduit un système doctrinal relativement clair, celui de la scolastique. Si l'homme possède la capacité de choisir, c'est qu'il est libre, c'est-à-dire libre de vouloir ou de ne pas vouloir ; la liberté exclut donc la nécessité de l'action. La volonté est une faculté, qui doit être exercée en conformité avec les injonctions de la droite raison. La liberté signifie donc à la fois la capacité de choisir et le fait d'opérer un choix rationnel. Dans la nature, certaines choses sont nécessaires, d'autres sont contingentes, mais aucune n'est libre. Les hommes possèdent la faculté de vouloir, c'est-à-dire une spontanéité qui fait défaut aux êtres inanimés ; cependant cette volonté ou cette spontanéité peut agir de deux manières fort distinctes. Soit elle se trouve déterminée à une option, comme c'est toujours le cas chez les enfants, les fous, les insensés, voire les bêtes brutes, et comme c'est parfois même le cas chez certains hommes sages lorsqu'ils sont entraînés par quelque passion violente comme la colère. Dans ce cas, la nécessité est à l'œuvre à l'exclusion de toute liberté. Soit la volonté se subordonne aux ordres de la raison et délibère avant de choisir. Alors seulement l'homme est libre, à l'exclusion de toute nécessité.

Bramhall ne doit donc pas être sous-estimé, et Hobbes ne saurait se contenter de lui opposer un autre ensemble théorique à cohérence égale, en courant le risque d'offrir un affrontement sans vainqueur. La faille du discours de l'évêque arminien, aux yeux de Hobbes, doit être mise en relief et elle apparaît dans l'impossibilité qu'il a de le défendre sans recourir à des abus de langage. Ainsi Hobbes dénonce-t-il la personnalisation des facultés qui, pour Bramhall, « collaborent » ; la volonté qui se fixe un objectif « enjoint et ordonne à l'entendement » de délibérer sur les moyens d'y parvenir, tandis qu'en retour, l'entendement fait se mouvoir « moralement » la volonté (QL, 111). L'usage des métaphores est incompatible avec un raisonnement droit dans la mesure où nous ne

pouvons strictement rien concevoir, rien nous représenter
mentalement, qui y corresponde : la volonté n'est pas
une instance susceptible de s'adresser à l'entendement,
pas plus que celui-ci ne peut initier un mouvement, pas
plus, enfin, qu'il n'existe un mouvement moral. Hobbes
condamne tout autant l'emploi de termes techniques latins
– *practice practicum, motus primo primi, actus imperatus*
ou *actus elicitus*, etc. – dans la démonstration : le geste
est rhétorique et sert à cacher la confusion des idées sous
l'autorité d'une langue vénérable. La traductibilité des
termes devient l'indice de leur clarté ; si les mots ont un
sens, ils l'ont ou peuvent l'avoir en anglais.

Cependant, Bramhall n'est pas un mince adversaire
et pousse parfois Hobbes dans ses retranchements,
l'obligeant à clarifier, préciser ou compléter ses thèses,
sans qu'il ait jamais besoin, néanmoins, de les renier.
Pour ce dernier, une action volontaire est donc une action
précédée d'une délibération, c'est-à-dire d'une réflexion
sur les conséquences bonnes ou mauvaises de chacune
des options envisagées. Parmi les actions volontaires,
certaines se déterminent à partir d'un désir positif qui,
parce qu'il est un mouvement qui surgit en soi, peut être
dit spontané ; les actions qui se déterminent à partir de
la crainte, quant à elles, ne sont pas spontanées. Par cet
usage du concept de spontanéité, qu'il reconduit à son
étymon latin *sponte* car le mot, dit-il, n'est pas anglais,
Hobbes peut découpler le volontaire du spontané,
mais il s'expose alors à l'objection que, dans ce cas,
certains actes spontanés ne seront pas volontaires ni
délibérés : l'action des enfants ou des fous comme les
comportements impulsifs. La réponse de Hobbes est
clairement négative : tous les actes, spontanés ou pas,

succèdent à une délibération, celle-ci ne faisant jamais défaut. Deux arguments complémentaires le prouvent. Le premier met l'accent sur l'expérience personnelle et souligne que l'acte le plus irréfléchi surgit au fil d'un vécu qui l'a préparé : « son auteur a eu le loisir de délibérer pendant tout le temps de sa vie qui a précédé pour savoir s'il devrait la commettre ou non » (QL, 330). Le second rappelle le contexte juridique, donc artificiel, de la scène où se déroulent les actions humaines, qui rend impossible un acte rigoureusement aveugle, fût-il impulsif. Une loi promulguée est une loi connue, ce qui implique que chaque citoyen a d'ores et déjà eu l'occasion et le temps d'envisager la portée et les conséquences de ce qu'elle prohibe. L'hypothèse juridique conduit ainsi le juge à toujours considérer l'acte comme ayant été délibéré et volontaire (QL, 334).

Le conflit théorique s'alimente de l'interprétation des Écritures. Ne lit-on pas dans la Bible que Dieu sollicite l'homme, le prie ou lui enjoint d'accomplir certaines actions, qu'il le félicite ou le réprimande ? Qu'en est-il de la sincérité de la parole divine si tout est vraiment nécessité à advenir ? Le contentieux entre Hobbes et Bramhall les conduit logiquement à accorder la priorité à des attributs différents de Dieu. Pour Bramhall, la véracité et la justice de Dieu sont des propriétés essentielles qui sont incompatibles avec une nécessité absolue. Pour Hobbes, la toute-puissance de Dieu, ainsi que son omniscience, priment tout. Les conséquences en sont profondément divergentes. Dans le premier cas, la parole de Dieu qui commande ou juge les hommes témoigne que ces derniers sont libres de vouloir ceci plutôt que cela et que rien ne les prédétermine à agir. Il y aurait sinon dissimulation et hypocrisie. Dans le second cas, une liberté de vouloir, outre qu'elle est inconcevable, serait exclusive de l'omnipotence divine : à ce titre, Hobbes rejette de manière catégorique la traditionnelle distinction entre la volonté et la permission de Dieu. La préscience de Dieu n'est de même concevable que si les actes sont absolument déterminés.

Les preuves issues de la raison reprennent pour partie les arguments théologiques en les sécularisant. Or cela conduit les deux auteurs à développer les enjeux moraux et politiques de la question de la liberté. Quel sens peut avoir la justice humaine dès lors que louanges, blâmes, récompenses et conseils deviennent vains devant la marche inexorable des comportements humains, demande Bramhall ? La réponse de Hobbes ne change donc pas en substance et il rappelle que, loin d'être inutiles, les lois, les recommandations et les sanctions participent à la mécanique causale qui détermine et « façonne » la volonté des sujets. Les deux positions s'éclairent mutuellement. Aux yeux de Bramhall, la volonté occupe une place transcendante vis-à-vis du monde physique et n'est donc pas affectée par la nécessité qui s'y observe (à côté des actes contingents, par ailleurs). Hobbes refuse une telle hétérogénéité et défend une conception immanente de la volonté humaine au sein de l'univers matériel. Cette thèse ne transforme pas le monde en une totalité continue indistincte, comme feint de le croire Bramhall, d'abord parce que les êtres y forment des unités discrètes – chez les animaux, cette unité est fondée sur leur *conatus* – et ensuite parce que l'ordre du discours ouvre la possibilité de considérer les hommes comme des auteurs à qui sont imputables les actes qu'ils accomplissent à ce titre. Hobbes est ainsi en mesure de distinguer la cause d'un acte (ultimement : Dieu) de son auteur (tel ou tel homme), innocentant par là le Créateur du péché commis par la créature, péché qu'il a pourtant voulu.

La portée politique de cette argumentation apparaît si l'on soulève, comme le font les deux adversaires, la question du sens de la loi et de la punition. Bramhall soutient que le libre-arbitre peut seul justifier l'existence de la loi, laquelle est un instrument au service du bien commun. La morale prime donc la politique et une loi injuste cesse d'être une loi. Il s'en déduit un droit à l'obéissance passive (à défaut de résistance, tout de même) lorsque l'autorité civile s'affranchit des normes supérieures que sont les lois divines ou naturelles. Or, si Bramhall moralise le droit, Hobbes fait tout l'inverse : il juridicise la morale en ce sens que la « la loi est la règle infaillible de la bonté morale » (QL, 207). Aussi la loi possède-t-elle une autorité formelle et inconditionnée, qui exclut bien évidemment tout droit de désobéissance en cas de désaccord. Hobbes est pourtant mis dans l'embarras pour justifier la loi par laquelle les Pharisiens ont excommunié les chrétiens. Si les Pharisiens détenaient l'autorité légitime, leur loi n'était pas injuste, mais, ajoute Hobbes, son adoption l'était eu égard à la loi divine qu'ils transgressaient (QL, 195). La théorie hobbesienne n'est, ici, pas loin de se mettre en danger : s'il est légitime de déclarer que l'adoption de la loi était « injuste », il devient difficile de ne pas transférer cette injustice sur cette loi elle-même.

Il s'ensuit aussi que, pour Bramhall, la punition ne doit pas seulement être utile mais aussi produire un effet d'ordre moral et elle se justifie, par conséquent,

indépendamment de toute correction : simplement eu
égard au mal qui a été commis. Il y a là, aux yeux de
Hobbes, un enchaînement de confusions puisqu'on ne
saurait produire autre chose qu'un mouvement naturel
et que la légitimité de la punition ne peut ainsi reposer
que sur son utilité. La vengeance, qui regarde le passé,
est donc contraire à la justice. À Bramhall qui s'inquiète
de cette réduction instrumentale de la punition qui
conduirait à rendre « légitime de faire le mal, afin que
du bien en procède », Hobbes rétorque que cela lui paraît
toujours meilleur que de faire, comme il le propose, le
mal pour le mal.

Les sections XVIII à XXIV sont consacrées à l'étude
d'une série de distinctions employées pour défendre
l'une ou l'autre des deux positions en débat. Cette partie
est clairement initiée par Bramhall, qui se bat sur un
terrain où le raffinement conceptuel, un peu artificiel, a
toute sa place. Hobbes ne s'y résout que par besoin, mais
répudie la plupart des stratégies discursives présentées,
même quand elles prétendent plaider en sa faveur. Ce
sont là des aides trop faibles aux yeux de Hobbes, qui
préfère se soutenir de l'intelligibilité et de la cohérence
de sa doctrine. Nul besoin de distinguer entre une
nécessité chrétienne et une nécessité stoïcienne : Hobbes
n'a pas le nécessitarisme honteux ! À ce stade, c'est peut-
être moins la matière que la forme des arguments qui
importe, la volonté de Bramhall d'enfermer le débat à
l'intérieur du langage devenu souverain. Cette position
finalement désarçonnante finit par épuiser la patience de
Hobbes : « l'un d'entre nous, de l'évêque ou de moi, ne
comprend pas notre langue » (QL, 260). Afin de sortir
de ce piège, Hobbes se resitue au niveau de l'expérience

psychologique commune et parvient à clarifier l'une de
ses thèses les plus difficiles, celle qui veut qu'un acte
accompli par crainte demeure volontaire. La contrainte
qu'exerce une menace perçue ne pèse en effet que sur
l'acte, jamais sur la volonté elle-même. La volonté,
n'étant que le nom donné au dernier appétit, ne saurait
être contrariée ; elle ne peut être que produite, formée,
façonnée, et la crainte y contribue, parfois de manière
décisive. Aussi l'agent qui capitule devant la peur reste-
t-il libre et son acte volontaire. Aussi conserve-t-il toute
sa responsabilité devant le tribunal humain et le tribunal
divin.

Dans la lettre de Rouen, Hobbes répondait point
par point au texte de Bramhall dans les trois premières
parties. Mais il y avait ajouté deux brèves sections
afin d'une part de résumer sa position de manière plus
systématique, en huit thèses, et d'autre part d'en présenter
les justifications philosophiques. Ces remarques sont
reprises et développées en 1656 formant une synthèse
précise de sa pensée en la matière. On regrettera d'autant
plus la maladresse de Bramhall, qui interroge la dualité
des définitions de la liberté (avant et après la délibération)
de manière trop polémique pour que Hobbes réponde sur
le fond, que cette question est véritablement épineuse.
Comment peut-il, en dépit de son extrême souci de
l'univocité des mots, souffrir que le concept de liberté
soit travaillé par une telle ambiguïté ? On a le sentiment
d'une occasion manquée, et Hobbes n'apportera pas de
nouvelle lumière dans ses œuvres ultérieures.

L'ouvrage se termine avec une certaine violence.
En une page, Hobbes y mène une charge féroce et
destructrice contre le verbiage scolastique de Bramhall.

À force d'usure, le conflit théorique a laissé place aux véritables enjeux que Hobbes peut maintenant dévoiler : le rapport de forces au sein de l'État entre les évêques et le souverain légitime.

BÉHÉMOTH (V. 1667)

Béhémoth est le récit de la Guerre civile anglaise écrit par un philosophe, qui en a aussi été le témoin. L'ouvrage présente une histoire philosophique, qui cherche à rendre compte des événements à partir de principes théoriques et qui leur applique des concepts, et une histoire politique et normative, qui pèse les responsabilités et qui évalue les légitimités. Hobbes renoue ainsi avec l'historiographie, intérêt qui avait motivé la traduction de l'*Histoire du Péloponnèse* quelque quarante ans plus tôt. Mais il est désormais fort d'une théorie politique capable d'expliquer les ressorts du conflit et de fournir les remèdes au plus grand des maux. La portée du livre est donc fort différente de la traduction de Thucydide. Celle-ci précédait l'idée même du projet philosophique et *a fortiori* sa progressive élaboration. Celui-là lui succède. Celle-ci relatait un conflit antique, doublement éloigné dans le temps et dans la géographie. Celui-là remet en scène une guerre encore fraîchement présente dans les souvenirs personnels de chacun de ses lecteurs. Celle-ci relève d'un genre littéraire et rhétorique où la fiction a pour rôle de « transformer son auditeur en spectateur » (T, 135). Celui-là prétend exposer non seulement les actes menés, mais aussi « leurs causes, leurs prétentions, leur justice, ordre et artifice et leur résultat » (B, 39). *Béhémoth* est à la fois une confirmation par l'histoire des

thèses soutenues dans le *Léviathan* et une autre façon
de les établir, une autre voie qui permet d'y conduire.
Constitué de quatre dialogues, forme de plus en plus
privilégiée par Hobbes dans ses derniers textes, *Béhémoth*
fait s'entretenir deux protagonistes, A, porte-parole de
Hobbes et B, personnage dont la relative jeunesse ne lui
a permis d'observer la guerre que confusément. Le voilà
donc qui s'enquiert moins du témoignage de A que de ses
analyses.

Le premier dialogue pose la grille d'intelligibilité
du récit qui suit, le deuxième relate la période critique
qui précède immédiatement les hostilités, entre 1640 et
1642, enfin les deux dernières suivent la chronologie
de la guerre jusqu'à la Restauration avec pour césure
significative l'exécution de Charles I er.

Pour Hobbes, la Guerre civile ne forme donc
pas seulement un objet à raconter; son rôle est plus
singulier en ce sens qu'elle constitue une espèce de
promontoire depuis lequel il est possible de contempler
tous types d'injustice et de folie humaines. Le point de
départ des analyses est que la guerre n'est pas due au
comportement du roi – en tant que roi, il ne pouvait
provoquer la dislocation de l'unité civile – mais à la
désobéissance des sujets. Si le peuple a été la cause de la
guerre, il a été lui-même corrompu de diverses manières.
Hobbes identifie sept facteurs : les prétentions des
presbytériens, les stratégies des catholiques, les sectes
indépendantes, les députés républicains, les admirateurs
de la guerre d'indépendance hollandaise, les indigents
et les mécontents et, enfin, l'ignorance du droit. Ce
sont cependant les agissements des partis religieux que
Hobbes met d'abord en avant. Les papistes ont eu des

revendications théocratiques et depuis toujours – depuis Charlemagne plus exactement – ont interféré avec le pouvoir politique. Le pouvoir qu'ils réclament n'est en rien spirituel; le pape lui-même se substitue à Dieu et veut se placer personnellement en faiseur de rois. Dans cet assaut orchestré, les rites catholiques ont une fonction : assurer le pouvoir non de Dieu mais du clergé. Les presbytériens ont été séditieux d'une tout autre manière puisque, loin du fétichisme hiérarchique des catholiques, ils prospèrent sur l'idée démocratique, au fond démagogique et anarchique, que toute domination doit être récusée. Convaincus d'être élus, confiants dans leur droit à professer le juste et l'injuste indépendamment de la loi, ces puritains ont infiltré le Parlement d'où ils ont contesté la légitimité royale. Ce sont donc avant tout les sectes religieuses qui ont déstabilisé l'institution monarchique et remis en question la souveraineté du roi. Ces racines étant repérées, il faut comprendre que l'influence qui se répand depuis les églises et les temples, ne pourra être contrecarrée qu'en investissant les universités de la mission de redresser l'esprit des sujets en y enseignant les véritables mesures du juste et de l'injuste.

Les querelles religieuses, en partie importées de l'étranger, ne sont pas tout. Elles se sont immiscées dans des canaux institutionnels et se sont mêlées à d'autres griefs plus politiques. Les prémisses de la guerre forment ainsi une succession de remises en cause du pouvoir royal par le Parlement, et surtout, mais pas uniquement, par la Chambre des Communes. Il y a là, précise Hobbes, un renversement de la fonction du Parlement dont l'origine et l'histoire rappelle au contraire qu'il était une chambre consultative plutôt que législative. C'est donc à un coup d'État que l'on a assisté lorsque le Parlement s'est déclaré gardien des « lois fondamentales », supposées supérieures au roi lui-même, et annexé une force militaire, coup d'État exprimé dans les *XIX Propositions* adressées à Charles Ier, qui lui ôtaient ses prérogatives et sa souveraineté. La constitution d'une armée loyaliste, face à la milice parlementaire, signe l'entrée en guerre du pays.

La chronologie de la guerre laisse percevoir les aléas de la souveraineté anglaise. Entre 1642 et 1646, les deux armées se battent, mais le roi demeure souverain légitime. Son emprisonnement et le conflit qui oppose ensuite Cromwell au Parlement laisse l'Angleterre dans la pire des situations : sans représentant, ni autorité civile reconnue. Le Parlement est la clé du pouvoir. Les anciens alliés se le disputent et ouvrent les hostilités. Conformément aux thèses parlementaristes du début de la guerre, en particulier à celles de Henry Parker, le Parlement s'est en effet déclaré seul et unique représentant du peuple. Le concept de représentation est utilisé au sens d'une identité d'essence et de puissance. C'est contre ce qu'il considère comme une définition erronée assortie d'une application séditieuse que Hobbes avait construit sa théorie de la représentation politique. Il n'a ainsi aucune difficulté à souligner la contradiction dans laquelle s'engouffrera le régime après l'exécution du roi, lorsqu'il prétendra à la fois que le pouvoir appartient originellement au peuple et que le Parlement détient le pouvoir suprême : démocratie de façade, mais vraie oligarchie. Le tour de passe-passe a donc eu lieu et le bilan est cruel : la souveraineté absolue n'a pas été abolie, elle a seulement changé finalement de siège en se déplaçant dans un Parlement aux mains de Cromwell. La liberté n'a pas été conquise et se trouve aussi limitée par l'assemblée qu'elle l'était par le monarque. Les actes politiques autrefois jugés contraires aux droits des particuliers – lever taxes et impôts, s'approprier des biens – sont désormais le fait du Parlement. L'escroquerie du projet émancipateur se révèle au terme d'une décennie de guerres. Ce n'est pas que le peuple soit sot, c'est qu'il est entretenu dans l'ignorance du droit. Il ne manque pas d'esprit mais de science.

La dissolution du Parlement par Cromwell en 1653 constitue une nouvelle péripétie juridico-politique en ce sens qu'il a d'une part suivi une ambition personnelle, d'autre part utilisé la simple force, sans le droit, pour soumettre et finalement écarter la Chambre des Communes et instaurer un protectorat. La reconnaissance de cette prise de pouvoir fit de Cromwell le détenteur du pouvoir suprême. Cette souveraineté changea encore de mains à plusieurs reprises jusqu'à la Restauration et le rétablissement de celui que Hobbes appelle le « légitime propriétaire » du pouvoir civil. Si l'on prend pour repère la possession de la souveraineté telle que Hobbes la définit, huit États se sont donc succédé entre 1640 et 1660 (B, 195). L'Angleterre est revenue à la situation initiale après un cycle d'usurpations, une « révolution » circulaire selon les termes de Hobbes en conclusion de l'ouvrage, avec malgré tout ce bénéfice que le siège de la souveraineté – entre les mains du roi seul, sans le Parlement, est désormais plus clair. Mais cette leçon de l'histoire avait certainement besoin d'être relevée par le récit philosophique que Hobbes en a fait.

BIBLIOGRAPHIE

ŒUVRES DE HOBBES

La *Clarendon Edition of the Works of Thomas Hobbes* est en cours, chez Oxford University Press, sous la direction éditoriale de N. Malcolm, S. Schaffer, Q. Skinner et Sir K. Thomas. Ont été publiés jusqu'à présent :

- *De cive : the English Version* (éd. H. Warrender, 1984).
- *De cive : the Latin Version* (éd. H. Warrender, 1984).
- *The Correspondence*, vol. I (éd. N. Malcolm, 1994).
- *The Correspondence*, vol. II (éd. N. Malcolm, 1994).
- *Writings on Common Law and Hereditary Right* (éd. A. Cromartie et Q. Skinner, 2005).
- *Translations of Homer :* the *Iliad* and the *Odyssey* (éd. E. Nelson, 2008).
- *Behemoth* (éd. P. Seaward, 2009).
- *Leviathan* (éd. N. Malcolm, 2012).

Thomæ Hobbes Malmesburiensis Opera philosophica quæ latine scripsit, éd. W. Molesworth, Londres, J. Bohn, 1839-1845, réimpr. Bristol, Thoemmes Press, 1999, 5 vol.

The English Works of Thomas Hobbes of Malmesbury, éd. W. Molesworth, Londres, J. Bohn, 1839-1845, réimpr. Bristol, Routledge-Thoemmes Press, 1992, 10 vol. et un index. *A Minute or First Draught of the Optickes*, éd. E. C. Stroud, Ph. Dissertation, The University of Wisconsin-Madison, 1983.

Critique du De Mundo *de Thomas White* [*De Motu*], éd. J. Jacquot et H. W. Jones, Paris, Vrin, 1973.

Court traité des premiers principes, éd. et trad. fr. J. Bernhardt, Paris, P.U.F., 1988.

TRADUCTIONS

Béhémoth ou le Long Parlement, trad. fr. L. Borot, Paris, Vrin, 1990.

De l'homme, trad. fr., Paris, Vrin, 2015.

De la liberté et de la nécessité, suivi de la *Réponse à la capture de* Léviathan, trad. fr. F. Lessay, Paris, Vrin, 1993.

Dialogue entre un philosophe et un légiste des Common-Laws d'Angleterre, trad. fr. L. et P. Carrive, Paris, Vrin, 1990.

Du citoyen, trad. fr. Ph. Crignon, Paris, Flammarion, 2010.

Éléments de la loi naturelle et politique, trad. fr. D. Weber, Paris, LGF-Le Livre de poche, 2003.

Hobbes. Vies d'un philosophe, trad. fr. J. Terrel, Rennes, PUR, 2008.

Les Questions concernant la liberté, la nécessité et le hasard, trad. fr. L. Foisneau et F. Perronin, Paris, Vrin, 1999.

Léviathan. Traité de la matière, de la forme et du pouvoir de la république ecclésiastique et civile, trad. fr. F. Tricaud, Paris, Sirey, 1971.

Textes sur l'hérésie et sur l'histoire, trad. fr. F. Lessay, Paris, Vrin, 1993.

ÉTUDES SUR HOBBES

BOWLE John, *Hobbes and his Critics*, Londres, Frank Cass, 1951.

CRIGNON Philippe, *De l'incarnation à la représentation. L'ontologie politique de Thomas Hobbes*, Paris, Garnier, 2012.

FOISNEAU Luc, *Hobbes et la toute-puissance de Dieu*, Paris, P.U.F., 2000.

– *Hobbes. La vie inquiète*, Paris, Gallimard, 2016.

LESSAY Franck, « Hobbes : une christologie politique ? », *Rivista di storia della filosofia*, 2004-1, p. 51-72.

MACPHERSON Crawford B., *La théorie politique de l'individualisme possessif de Hobbes à Locke*, trad. fr. M. Fuchs, Paris, Gallimard, 2004.

MALCOLM Noel, *Aspects of Hobbes*, Oxford, OUP, 2002.

MALHERBE Michel, *Hobbes ou l'œuvre de la raison*, Paris, Vrin, 1984.

MARTINICH Aloysus P., *Hobbes. A Biography*, Cambridge, CUP, 1999.

MARTINICH Aloysus P., *The Two Gods of Leviathan. Thomas Hobbes on Religion and Politics*, Cambridge, CUP, 2002.

MATHERON Alexandre, « Obligation morale et obligation juridique selon Hobbes », *Philosophie*, n° 23, 1989, p. 37-56.

MILANESE Arnaud, *Principes de la philosophie chez Hobbes. L'expérience de soi et du monde*, Paris, Garnier, 2011.

MINTZ Samuel I., *The Hunting of Leviathan*, Cambridge, CUP, 1962.

MOREAU Pierre-François, *Hobbes. Philosophie, science, religion*, Paris, PUF, 1989.

PARKIN Ian, *Taming the Leviathan. The Reception of Political and Religious Ideas of Thomas Hobbes in England 1640-1700*, Cambridge, CUP, 2007.

SKINNER Quentin, *Reason and Rhetoric in the Philosophy of Hobbes*, Cambridge, CUP, 1996.

– *Visions of Politics*, vol. 3 : *Hobbes and Civil Science*, Cambridge, CUP, 2002.

STRAUSS Leo, *La philosophie politique de Hobbes*, trad. fr. A. Enegrén et M. B. de Launay, Paris, Belin, 1991.

TERREL Jean, *Hobbes. Matérialisme et politique*, Paris, Vrin, 1994.

TUCK Richard, « The 'Christian Atheism' of Thomas Hobbes », *Atheism from the Reformation to the Enlightenment*, éd. M. Hunter et D. Wootton, Oxford, Clarendon Press, 1992.

WEBER Dominique, *Hobbes et le corps de Dieu*, Paris, Vrin, 2009.

ZARKA Yves Charles, *La décision métaphysique de Hobbes. Conditions de la politique*, Paris, Vrin, 1987.

TABLE DES MATIÈRES

Imprimé en France par CPI
en janvier 2017

Dépôt légal : janvier 2017
N° d'impression : 139408